我们怎样做教师

蔡元培 ／ 陶行知 ／ 夏丏尊

等著

罗 毅

编

湖南人民出版社

图书在版编目（CIP）数据

我们怎样做教师 / 蔡元培，陶行知，夏丏尊著；罗毅编.—长沙：湖南人民出版社，2021.6（2023.1）
ISBN 978-7-5561-2545-6

Ⅰ. ①我…　Ⅱ. ①蔡…　②陶…　③夏…　④罗…　Ⅲ. ①教师教育—研究　Ⅳ. ①G65

中国版本图书馆CIP数据核字（2021）第080015号

WOMEN ZENYANG ZUO JIAOSHI

我们怎样做教师

著　　者　蔡元培　陶行知　夏丏尊 等
编　　者　罗　毅
出版统筹　陈　实
监　　制　傅钦伟
产品经理　姚忠林
责任编辑　田　野
责任校对　丁　雯
封面设计　刘　哲

出版发行　湖南人民出版社［http://www.hnppp.com］
地　　址　长沙市营盘东路3号
邮　　编　410005

印　　刷　湖南关山美印有限公司
版　　次　2021年6月第1版
　　　　　2023年1月第5次印刷
开　　本　870 mm×1230 mm　1/32
印　　张　7.625
字　　数　150千字
书　　号　ISBN 978-7-5561-2545-6
定　　价　39.80元

营销电话：0731-82683348（如发现印装质量问题请与出版社调换）

出版说明

　　教育改革，是近代中国社会转型中的重要一环，中国教育史上也迎来了一个名家辈出的时代。他们中既有以文化运动促进教育改革的文化大家，也有弃旧迎新的教育改革家，更有主张全面发展与多阶段教育并行的教育实践者，他们坚守传统，将传统引入现代，取长补短，将中西文化和教育理念融为一休。他们的思想对中国近代教育的发展有着至关重要的影响，诸如蔡元培先生的"教育独立思想"，陶行知先生的"教育即生活""学校即社会""教学做合一"的生活教育理论等。

　　《我们怎样做教师》一书围绕"教"与"学"的本质，精选蔡元培、陶行知、夏丏尊等十位近现代教育名家二十余篇关于教育理念、教师成长、学生培育等方面的文章，集中反映了他们独树一帜的教育思想和治学理念，展现了他们对于中国近现代教育革新的勇气和智慧，回答了"中国近现代教育改革是如何一步步发生的"，说明了"我们的教育正在发生什么"。

我们希望能帮助广大教师朋友以及关心教育的读者体悟老一辈教育家对于教育事业一以贯之的热忱和孜孜以求的探索，也希望本书的内容对当前的教育工作者能有所帮助。书中所表达的观点，虽然已经过去半个多世纪，但对当下的教育以及投身教育事业的教育工作者依然具有启发和借鉴意义。

需要说明的是，不同历史时期的语言文字有其特定的风格和特质，基于此，为尽可能原汁原味地呈现原文文本，同时也出于对作者行文习惯的尊重，在编辑本书的过程中只对确实不符合语言表达规范同时又影响文意通畅的表述予以修改，其他文字基本依原貌予以保留，在此向读者朋友予以说明。

限于编者水平，难免挂一漏万，还望读者朋友不吝赐教、批评指正，在此谨表谢忱。

目　录

蔡 元 培

我们希望教师们、学生们：

（一）从"教而不学"到"既教且学"；

（二）从"学而不教"到"既学且教"；

（三）从"不教不学"到"又教又学"。

中学的教育

（1920 年）

中学生在修业时代，最紧要的科学有三种：数学、外国语、国文

我在北京的时候，早知道贵校很有声名的。今天承贵校欢迎，得与诸君谈谈，很觉愉快。但是因为时间仓卒，没有预备，只好以短时间谈一谈中学的教育。

一般办中学的人，大都两种观念：第一是养成中坚人物，第二是预备将来升学。所谓养成中坚人物的，就是安排他们在中学毕业之后，马上就可以去到社会上作事。其实，中学所得的知识很浅，并不能够应用他去作特殊的事业，纵然可以作一点儿，也不过很平常、平常的，甚至变作一个中等游民，也不稀奇的。除了当当绅士之外，简直无所措手足。所以说，要养成中坚人物很难能的了。

德国的学制，文实分科。中古时代，文科注重拉丁、

希腊文，以后科学渐渐发明，始趋重理、数各科，并且因为趋重活的文学的关系，所以把拉丁、希腊的死文学通通去掉了。实科注重理、数各科，但是后来也渐渐地趋重哲学、外国文……又有注重医学的。到了后来，还有些学校对文实两种双方并重的，简直可以说是文实科。照这样看起来，学文科的不能不兼重实科的科学；学实科的同时也不能不兼重文科的科学。这样分科的制度，都是想要达到上面所述的那两个目的。

日本的学制，是仿照德国的，并且把他越弄越笨了。他把中学的目的完全看作养成社会中坚人物，所以在中学的上面有高等学校，为入大学的预备学校。

中国的学制，又纯从日本抄袭出来的，大略与日本相仿佛。因为中学程度不能直接升入大学，所以大学设有预科。但是总计小学、中学的年限共有十一年了，加上大学预科二年，共有十三年，才能达到大学的本科，时间已觉得太长，现在还想在中学加增年限，那就更不经济了。所以有人主张文、实分科，但也未见得就是顶好的法子。譬如大学原来是采分科制的，然而现在也觉得不十分便当，想要把他变通，去掉分科制，何况中学呢。比方文科的哲学，离不掉生物学、物理学、化学学……因为不如是，那范围就未免太小。学理科的人，也不能不知道哲学；学天文学的人，更加不能不知道数学以及其他科学，况且我们应当具有宇宙观的。所以学实科的人，也要知道文科的科学。当然，学其他科的，除对于所专攻的科学以外，有关联的各科，也要达到普通的程度，不能单向一方进行，所以中学要想文、实分科，非常困难。但是，现在已经把国文改为白话，可以免掉专攻国文的功夫，同时可以省得多少时间。外国语一项，普通一般都教些文学书，我以为可以不必专读几本文学书，尽可读些科学读本，如游记……一方面可以学习外国语，他方面可以兼得科学上的知识，把这些所省的时间和精力，去普遍研究科学，年限和分科都不成什么顶难解决的问题了。

外国中学不专靠教科书，常常从书本以外，使学生有自己研究的余地，所以他读的是有用的，是活的科学，毕业以后，出来在社会上作事，很不费力。但是有一种通病，恐怕无论哪国都差不多，所有的教科书，每每不能学完，一方面固然是教员没有统计预算，但他方面还是为着学生没有自己研究的能力，没有自动的精神，所以弄得毕业之后，又不能进大学，简直没有一点事可以干，恰成一个游民。

日本中学是预备作中等社会的人，造成一般中坚分子，倘若自量他的能力不能够入大学毕业，就可不进中学，免得枉费光阴，他便一直入中等实业学校——甲种实业学校，毕业出来，可以独立谋生活，比较我们中国中学毕业生仅仅作一个游<民>那就好多了。所以我说中学的目的，只是惟一的预备升学。

但是进中学的时候，自己就要注重个人自修，预备将来可以升什么学校。中学生在修业时代，最紧要的科学有三种，分述如下。

（一）数学，因为我们无论将来是进哪一科，哲学或者是文学，通通离不掉数理的羁绊，至于讲到理、数各科，工、农、商科，更不消说了。

（二）外国语，因为中国科学不甚发达，大半都是萌芽时代，要学高深科学，非直接用原本不行，而且在中学时不注意外国语，以后更难了。

（三）国文，我们是中国人，对于本国文学，当然要具有普通的学识，但是不要学什么桐城派、四六文……只要对于日常用的具备和发表自己的思想毫无阻碍就够了。

以上这三种，对于升学很有关系，很须注意。但是都不纯粹靠教室内听听时候所能了事的，还是看各个人自修的功夫何如，所以我很希望诸君在课外还要特别留心才是。

我今天所讲的，不是专指贵校说的，是泛论中学的教育，供你们参考罢了。

美育实施的方法

（1922 年）

　　　　美育从三个方面入手：一、家庭教育；二、学
校教育；三、社会教育。

　　我国初办新式教育的时候，只提出体育、智育、德育
三条件，称为三育。十年来，渐渐地提到美育，现在教育
界已经公认了。李石岑先生要求我说说"美育实施的方法"，
我把我个人的意见写在下面。

　　照现在教育状况，可分为三个范围：一、家庭教育；二、
学校教育；三、社会教育。我们所说的美育，当然也有这
三方面。

　　我们要作彻底的教育，就要着眼最早的一步。虽不能
溢出范围，推到优生学，但至少也要从胎教起点。我从不
信家庭有完美教育的可能性，照我的理想，要从公立的胎
教院与育婴院着手。

公立胎教院是给孕妇住的，要设在风景佳胜的地方，不为都市中混浊的空气、纷扰的习惯所沾染。建筑的形式要匀称，要玲珑，用本地旧派，略参希腊或文艺中兴时代的气味。凡埃及的高压式，峨特的偏激派，都要避去。四面都是庭园，有广场，可以散步，可以作轻便的运动，可以赏月观星。园中杂莳花木，使四时均有雅丽之花叶，可以悦目。选毛羽秀丽、鸣声谐雅的动物，散布花木中间；须避去用索系猴、用笼装鸟的习惯。引水成泉，勿作激流。汇水成池，蓄美观活泼的鱼。室内糊壁的纸、铺地的毡，都要选恬静的颜色、疏秀的花纹。应用与陈列的器具，要轻便雅致，不取笨重或过于琐巧的。一室中要自成系统，不可混乱。陈列雕刻、图画，都取优美一派；应有健全体格的裸体像与裸体画。凡有粗犷、猥亵、悲惨、怪诞等品，即使描写个性，大有价值，这里都不好加入。过度激刺的色彩，也要避去。备阅览的文字，要乐观的、和平的；凡是描写社会黑暗方面、个人神经异常的，要避去。每日可有音乐，选取的标准，与图画一样，激刺太甚的、卑靡的，都不取。总之，各种要孕妇完全在乎和活泼的空气里面，才没有不好的影响传到胎儿。这是胎儿的美育。

孕妇产儿以后，就迁到公共育婴院，第一年是母亲自己抚养的；第二、第三年，如母亲要去担任她的专业，就可把婴儿交给保姆。育婴院的建筑，与胎教院大略相同，或可联合一处。其中陈列的雕刻图画，可多选裸体的康健儿童，备种种动静的姿势；隔几日，可更换一套。音乐，选简单静细的。院内成人的言语与动作，都要有适当的音调态度，可以作儿童的模范。就是衣饰，也要有一种优美的表示。

在这些公立机关未成立以前，若能在家庭里面，按照上列的条件小心布置，也可承认为家庭美育。

儿童满了三岁，要进幼稚园了。幼稚园是家庭教育与学校教育的过渡机关，那时候儿童的美感，不但被动的领受，并且自动的表示了。舞蹈、唱歌、手工，都是美育的专课。就是教他计算、说话，也要从排列上、音调上迎合他们的美感，不可用枯燥的算法与语法。

儿童满了六岁，就进小学校，此后十一二年，都是普通教育时期，专属美育的课程，是音乐、图画、运动、文学等。到中学时代，他们自主力渐强，表现个性的冲动渐渐发展，选取的文字、美术，可以复杂一点。悲壮、滑稽的著作，都可应用了。

但是美育的范围，并不限于这几个科目，凡是学校所有的课程，都没有与美育无关的。例如数学，仿佛是枯燥不过的了；但是美术上的比例、节奏，全是数的关系，截金术是最显的例。数学的游戏，可以引起滑稽的美感。几何的形式，是图案术所应用的。理化学似乎机械性了；但是声学与音乐，光学与色彩，密切的很。雄强的美，全是力的表示。美学中有"感情移入"论，把美术品形式都用力来说明他。文学、音乐、图画，都有冷热的异感，可以从热学上引起联想。磁电的吸拒，就是人的爱憎。有许多美术工艺，是用电力制成的。化学实验，常见美丽的光焰；原子、电子的排列法，可以助图案的变化。图画所用的颜料，有许多是化学品。星月的光辉，在天文学上不过映照距离的关系，在文学、图画上便有绝大的魔力。矿物的结晶、闪光与显色，在科学上不过自然的结果，在装饰品便作重要的材料。植物的花叶，在科学上不过生殖与呼吸机关，或供分类的便利；动物的毛羽与声音，在科学上作为保护生命的作用，或雌雄淘汰的结果；在美术、文学上都为美观的材料。地理学上云霞风雪的变态、山岳河海的名胜、文学家美学家的遗迹，历史上文学美术的进化、文学家美术家的轶事，也都是美育的资料。

由普通教育转到专门教育，从此关乎美育的学科，都成为单纯的进行了。爱音乐的进音乐学校，爱建筑、雕刻、图画的进美术学校，爱演剧的进戏剧学校，爱文学的进大学文科，爱别种科学的人就进了别的专科了。但是每一个学校的建筑式、陈列品，都要合乎美育的条件。可以时时举行辩论会、音乐会、成绩展览会、各种纪念会等，都可以利用他来行普及的美育。

学生不是常在学校的，又有许多已离学校的人，不能不给他们一种美育的机会；所以又要有社会的美育。

社会美育，从专设的机关起：

（一）美术馆，搜罗各种美术品，分类陈列。于一类中，又可依时代为次。以原本为主，但别处所藏的图画，最著名的，也用名手的摹本。别处所藏的雕刻，也可用摹造品。须有精印的目录，插入最重要品的摄影。每日定时开馆。能不收入门券费最善，必不得已，每星期日或节日必须免费。

（二）美术展览会，须有一定的建筑，每年举行几次，如春季展览、秋季展览等。专征集现代美术家作品，或限于本国，或兼征他国的。所征不胜陈列，组织审查委员选定。陈列品可开明价值，在会中出售。余时亦可开特别展览会，或专陈一家作品，或专陈一派作品。也有借他国美术馆或私人所藏展览的。

（三）音乐会，可设一定的会场，定期演奏。在夏季也可在公园、广场中演奏。

（四）剧院，可将歌舞剧、科白剧分设两院，亦可于一院中更番演剧。剧本必须出文学家手笔，演员必须受过专门教育。剧院营业，如不敷开支，应用公款补助。

（五）影戏馆，演片须经审查，凡无聊的滑稽剧、凶险的侦探案、卑猥的恋爱剧都去掉。单演风景片与文学家作品。

（六）历史博物馆，所收藏大半是美术品，可以看出美术进化的痕迹。

（七）古物学陈列所，所收藏的大半是古代的美术品，可以考见美术的起源。

（八）人类学博物馆，所收藏的不全是美术品，或者有很丑恶的，但可以比较各民族的美术，或是性质不同，或是程度不同。无论如何幼稚的民族，总有几种惊人的美术品。又往往不相交通的民族，有同性质的作品。很可以促进美术的进步。

（九）博物学陈列所与植物园、动物园，这固然不专为美育而设，但矿物的标本与动植物的化石，或色彩绚烂，或结构精致，或形状奇伟，很可以引起美感。若种种生活的动植物，值得赏鉴，更不待言了。

在这种特别设备以外，又要有一种普遍的设备，就是地方的美化。若只有特别的设备，平常接触耳目的，还是些卑丑的形状，美育就不完全；所以不可不谋地方的美化。

地方的美化：第一是道路。欧洲都市最广的道路，两旁为人行道，其次公车来往道，又间以种树，艺花，及游人列坐的地方二三列，这自然不能常有的。但每条道路，都要宽平。一地方内各条道路，要有一点匀称的分配。道路交叉的点，必须留一空场，置喷泉、花畦、雕刻品等。

第二是建筑。三间东倒西歪屋，固然起脆薄、贫乏的感想；三四层匣子重叠式的洋房，也可起板滞、粗俗的感想。若把这两者并合在一处，真异常难受了。欧美海滨或山坳的别墅团体，大半是一层楼，适敷小家庭居住，二层的已经很少，再高是没有的。四面都是花园，疏疏落落，分开看各有各的意匠，合起来看，合成一个系统。现在各国都有"花园城"的运动，他们的建筑也大概如此。我们的城市改革很难，组织新村的人，不可不注意呵！

第三是公园。公园有两种：一种是有围墙、有门，如北京中央公园，上海黄浦滩外国公园的样子。里面人工的设备多一点，进去有一点制限。还有一种，是并无严格的范围，以自然美为主，最要的是一大片林木，中开无数通路可以散步。有几大片草地可以运动。有一道河流，或汇成小湖，可以行小舟。建筑品不很多，游人可自由出入。在巴黎、柏林等，地价非常昂贵，但是这一类大公园，都有好几所永远留着。

第四是名胜的布置。瑞士有世界花园的称号，固然是风景很好，也是他们的保护点缀很适宜，交通很便利，所以能吸引游人。美国有好几所国家公园，地面很大，完全由国家保护，不能由私人随意占领，所以能保留他的优点，不受损坏。我们国内，名胜很多，但如黄山等，交通不便，颇难游赏。交通较便的如西湖等，又漫无限制，听无知的人造了许多拙劣的洋房，把自然美缀了许多污点，真是可惜。

第五是古迹的保存。新近的建筑，破坏了很不美观。若是破坏的古迹，转可以引起许多历史上的联想，于不完全中认出美的分子来。所以保存古迹，以不改动他为原则。但有些非加修理不可的，也要不显痕迹，且按着原状的派式。并且留得原状的摄影，记述修理情形同时日，备后人鉴别。

第六是公坟。我们中国人的作坟，可算是混乱极了。贫的是随地权厝，或随地作一个土堆子。富的是为了一个死人，占许多土地。石工墓木，也是千篇一律，一点没有美意。照理智方面观察，人既死了，应交医生解剖，若是于后来生理上病理上可备参考的，不妨保存起来。否则血肉可作肥料，骨骼可供雕刻品，也算得是废物利用了。但是人类行为，还有感情方面的吸力，生人对于死人，决不肯把他哀感所托的尸体，简单地处置了。若是照我们南方各省，满山是坟，不但太不经济，也是破坏自然美的一端。现在不如先仿西洋的办法，他们的公坟有两种：一是土葬的，如上海三马路，北京崇文门，都有西洋的公坟。他是画一块地，用墙围着，布置一点林木。要葬的可以指区购定。墓旁有花草，墓上的石碑有花纹、有铭词，各具意匠，也可窥见一时美术的风尚。还有一种是火葬，他们用很庄严的建筑，安置电力焚尸炉。既焚以后，把骨灰聚起来，装在古雅的瓶里，安置在精美石坊的方孔中。所占的地位，比土葬减少，坟园的布置，也很华美。这些办法都比我们的随地乱葬好，我们不妨先采用。

我说美育，一直从未生以前，说到既死以后，可以休了。中间有错误的、脱漏的，我再修补，尤希望读的人替我纠正。

教与学

（1935 年）

教而不学、学而不教、不教不学，三者皆不可取。

通常将"教"与"学"分为两事：

（一）"教"指教师教授；

（二）"学"指学生学习。

照我们现在的观察，不能绝对地如此划分，可分三点来说明。

教而不学。有些教师常有保守的习气。这些教师，或缺乏进修方法，或苦无研究机会，对所任教科，或为被动的、非自动的，不感何种兴趣。于是上焉者就教材范围略事准备，下焉者临时敷衍塞责。这种习气，足以使青年学生墨守陈腐的见解，而不易获得广大的知识。我们知道科学的研究与发明，瞬息千里。十年前所发明的定律，现在或许要根本推翻，或许要重新估值。如果将陈腐的知识传授给现代的学生，这些学生，即以教师所传授的陈腐的知识，应付当前的问题或进求高深的学理，试问读者可乎不可？所以我们希望一般教师不只是教，不只是研究教学的方法，还得要继续不断地研究所教的学科，以及所教的有关的学科；组织最新的学理，应用最有效的方法，使学生对于各科获得具体的概念，从而作进一步的研习。这是我的第一点意思。

学而不教。第二点包括两种人：

（一）肯研究学问而不谙教学方法的教师；

（二）肯努力的学生。

好些教师，于所任教科，很能有系统的组织，于相关的学科，亦能多方注意。这种教师，除致力于学科的研究之外，往往忽视教学的方法，虽则他教授的时候，尽可能充实学科的内容，补充较新的材料；因为不谙教学的方法，遂不易引起学生学习的兴趣。至于肯努力的学生，在全校或全级学生中，成绩较优，略窥门径。辅助同学以及指导民众的——如办理民众教育等——固不乏人；还有不少学生，只知个别努力，牺牲切磋的机会，因此教师所传授的学问，亦只囿于学校校门，或囿于肯努力的少数学生，形成教育的浪费，这都是"学而不教"的弊病。我们希望：

（一）肯努力学问的教师，不但研究所教的学科，还要研究教学的方法。（二）肯努力的学生，不但自身努力学习，还得辅助同级的同校的学生共同努力；还得将所得的知识推广到一般民众身上去。

不教不学。上述的两种教师，一种是"教而不学"的，一种是"学而不教"的，还有一种是"不教不学"的，这种"不教不学"的教师，于所教的学科，既没有彻底的了解与持续的研究，又不请教学的方法；或则敷衍了事，或则背诵教本，或则撷拾陈言，自误误人，为害不浅。这是属于教师方面的。学生方面，除了上述的"学而不教"的学生之外，也有不教不学的学生。所谓不教不学的学生，第一是"不学"，不研究学问，不感到学业的乐趣。第二是没有学问足以教人，更没有觉到有教人的必要。青年们呀！我们中国平均一万个人才有一个大学生，一千个人才有一个中学生，你们是一千个人里面或者一万个人里面最幸运的。你们不但自己要努力求学，你还得将你所学的教给一千个人，一万个人。现在有一位陶行知先生竭力推行小先生制度，可以备诸位借鉴的。

最后，我希望教师们、学生们：

（一）从"教而不学"到"既教且学"；

（二）从"学而不教"到"既学且教"；

（三）从"不教不学"到"又教又学"。

更希望《教与学》月刊能适应这三方面的需要。

张伯苓

研究学问，

固然要紧；

而熏陶人格，

尤其是根本。

三育并进而不偏废

（1914 年）

> 教育一事非独使学生读书习字而已，尤要在造
> 成完全人格，三育并进而不偏废。（德育、智育、
> 体育）

余今所欲言者，为最要事。诸生其注意近日屡感触于
社会之恶习，益觉中国前途之可惧。夫中国当此千钧一发
之秋，所恃者果何？在恃教育青年耳。教育一事非独使学
生读书习字而已，尤要在造成完全人格，三育并进而不偏
废。故凡为教育家者，皆希望世界改良，人类进步；抱不
足之心，求美满之效。我国当教育青年之任者，诚能实行
若此，则中国或可补救于万一。兴思及此，不禁深喜，及
觇社会之现状，虽一则以喜，又不禁一则以惧。先以为教
育兴，青年立，必能将社会渐渐改良，转危为安，故喜。
更观社会腐败之现状，每况愈下，流连忘返者，比比皆是，

又不禁肃然为之惧。此种现象不独中下社会为然，即上等社会，甚至作教育界之领袖者，亦陷于恶习之旋涡中，随波逐流。此等社会何时始能望其改良！如谓长此以往，不求进步，终日悠悠，忽有一日人皆醒曰，当改良国家，进步社会。考已往，测将来，吾知其梦也。更观政府以命令禁止恶习，虽有长篇大论，严词苛法，亦言者谆谆，而听者藐藐，于事乎何济？自鼎革而后，所改者有用无用之名词。实事之增加者，社会中之嫖赌是也。即以赌言，打牌者，昔时南方仅有之，渐至北方，今则全国上下不谋而合。中人以上之家，无不备之，而更妓馆花酒所在皆是。使青年目夺神迷不为颠倒者，百不见一焉！吾常闻人曰，南开学生多自美，吾诚不解。若以我为南开学生即可自美，此等学生为学校之败类，校中去之；如曰人皆嫖赌，我独特立为自美，吾欲此等人愈多愈好。亡国者何亡其魂也，奚必列强之分裂割据而后，然中国人现时大多数丧其魂矣。淫佚放荡日趋日下，有今日无明日。青年处此，不大可危乎？故美国学校多令年长生友年幼生，扶之助之，使自立，愿诸生履行之。此谓汝等自为可谓为南开学校所为，亦可即谓之救国救世，亦莫不可。青年有事占其身则快乐，暇时则将受外界引诱之，苦矣！故余每救人借以自救，吾国居上等者皆嫖赌，下等反无之，以道德论上等较逊矣。然而国家所恃者非下等，上等又腐败而欲国之不亡乎？更观中国之留学生回国后，亦与恶习随波逐流，非但不知羞恶，反饰之曰："中国不若外国之有音乐队、俱乐部等足资消遣，则嫖赌未为不可也。"呜呼！国家所以派留学生果何为者？社会腐败当改革之，公众利益当提倡之，如亦随波逐流，国家又焉用断送金钱以造人才哉！吾常云：三人相聚，而不能乐者，非愚则死。如必嫖赌乃可为乐，其必无心肝，直死人之不若耳！汝等青年自少时练习正当快乐，则一生受其益。今而后遇罪恶排斥之，宁使彼说我美，勿令众笑我弱。际此国家未亡时，大声疾呼，或可补救于万一耳。

南开的教育宗旨及方法

（1916 年）

本校教育宗旨，系造就学生将来能通力合作、
互相扶持，成为活泼勤奋、自治治人之一般人才。

一　南开学校教育宗旨及其教授管理之方法

凡事必有一定宗旨，然后纲举目张，左右逢源。本校
教育宗旨，系造就学生将来能通力合作、互相扶持，成
为活泼勤奋、自治治人之一般人才。英语所谓 cooperative
human being 者是也。欲达此目的，不可不有适宜之办法。
前山东师范生来本校参观，在思敏室茶话。席间有以本校
教授管理之方法相询者。余当时曾设譬答之，谓如幼稚园
之幼稚生然，唱歌时每须举动其手足。为之保姆者，不过
略一指点。其前列聪颖之幼稚生，立时领悟，余者即自知
如法仿效，无须事事人人，皆须保姆为之也。本校教授管

理亦无以异是。惟在引导学生之自动力而已。诸位先生倡之，老学生行之，新学生效之，无须个个提耳谆嘱也。而精神则在"诚"字、"真"字、"信"字。本校至今办理小有效果者，恃有此耳。诸生日日灌溉此精神之中，亦知之乎？汝等新来诸生，亦当如幼稚生之视其前列聪颖者之举动，而注目先来诸生之勤苦者之举动，特汝等现在程度，远非幼稚生之比，则努力进步，应亦较幼稚生为甚，如此作去，则九百余人之教授管理，殊易易也。

二　爱学校

人为万物之灵，而不能如草木之孤立为生。在昔原人时代，人之生也，只知有母，其后人类进步，而有父母兄弟。以中国习俗言，尚有祖父母、伯叔等等诸关系。此种组织 institution 是曰"家庭"。然家庭系血统的联属，自然相爱。再进，人不能不求知识，为涉世之预备，于是离家庭、入学校，等而上之为社会、为国家。凡在一种组织之中，则己身为一分子，member 一言一动莫不与全体有密切关系。对于社会国家，今姑勿论，而但言学校。学校系先生、学生与夫役三部所合成。其目的则造成德育、智育、体育完全发达，而能自治治人、通力合作之一般人才，以应时势之需要。诸生须知既为学校中之一分子，则汝实栖息于此全体之中。学校而良善，汝亦随之以受益；汝而良善，学校亦随之与有荣。反言之，学校而有缺点，汝亦不完；汝而有败行，学校亦玷污。利害相关，休戚与共。夫狭义之言学校，则课读而已；广义之言学校，则教之为人。何以为人？则第一当知爱国。今人莫知我国国民爱国心薄弱，欲他日爱国则现在宜爱校，既同处一校则相与关切至密，亦既言之矣！故须相爱，以相助相成，其理由至易明了。然则如何用其爱，第一对于人有师长、有同学、有夫役，余不敢谓本校诸位先生如何特别优尚，惟余生平任事数校，求如本校诸位先生之一致、之认真、之热心，并以余暇竭力扶助学生诸般之自治事业，殆属绝无仅有。吾向以中国前途一线光明，舍振兴教育外无他术。今得如许同志协心同德，将来当不无成就也。诸生知有人敬爱汝，则汝必思厚报之。今诸生能敬爱诸位先生，则诸位先生亦自更加精神，以惠爱答之也。然教育非如贸易者，以一文之价来，必以一文之物去，硁硁然不肯溢利与我也。且师长对于学生，莫不勉力扶植之，而对于资质稍次者为尤甚，表面似恨之，其实则竭力成全如恐不及。诸生切勿误会此意，对师长要爱，对于同学尤要爱。诸生试思，在家兄弟最多六七人已不易得，今在学校则九百余众，是皆异姓兄弟也。在家兄弟少，在校兄弟多，则在校兄弟之乐，自亦较大于在家兄弟之乐也。且在校同学一语良言，其益往往过于师长终日强聒，盖相习既久，长短互现，无隔靴搔痒之谈，多对症下药之论，收效之易自无待言。交友不必酒食征逐，须择规过劝善之真能益我者。然语云："无友不如己者。"西语亦有云：birds of a feather flock together（喻人以类聚也）。优尚者与优尚者处我虽欲得益友，奈益友之不以我为友。何曰此，惟在汝自处如何耳！汝日日进步，则益友不求自至矣！自爱爱人，人安得不汝爱乎？今再言夫役，余生平之仆役，自为学生至于今日，无一人不忠顺于我者，此何以故？无他，以人待之耳。世人往往以奴仆为次于平人一等，至目之为禽兽，随自己之喜怒以横虐之，不知彼亦人也。汝不以人待之，彼亦不以己为有人格，渐渐无所不为矣！尚欲其忠顺得乎？若能以严正驭之，而加以仁慈使知自爱，既知自爱，夫何不忠顺之有？以上言在学校对于人之爱。兹复言对于物之爱，爱物亦公德也。公德心之大者为爱国家，为爱世界。在校先能爱物，而后始可望扩而大之。至于国家、世界、校中桌椅，非汝之所有，亦非我之所有，推而至于书籍、图报、讲室、斋舍、食堂、厕所、球场，亦皆非汝与我之所专有，而为学校之所公有。我所有者不过其一分，一方面既为我之一分，则我之物我爱而保存之，固宜一方面为众人之所公有，则众人我所爱也。爱其人自亦不应毁其物，如偶或损坏，务要到会计室自行声明，照价赔偿，不可佯为不知。因微物有价而人品无价，毁物不偿所省有几，而汝之人品全失。失无价之人品，余有限之微资，勿乃自贬太甚乎？同学见有此等事，应为立即举发，因彼所毁之物亦有汝之一分也。然此物之有形者也，尚有无形者，为团体精神与全校名誉。本校出版之诸种报纸、杂志，如《校风》《敬业》《英文季报》及未出版之《励学》等，皆团体精神也。较物质百倍可贵，则维持之、发扬之，应尽其力之所能及。至于全校名誉，其良否皆与尔各个人有关（理详上），则尤所不可忽也。

教育着重个人的长进，更需着重社会的进步

（1919 年）

> 夫教育目的，不能仅在个人。当日多在造成个
> 人为圣为贤，而今教育之最要目的，在谋全社会的
> 进步。

开学之始，曾以活、动、长、进四字相勉。而今合起来论此四字，不过单就个人的长进而言。

夫教育目的，不能仅在个人。当日多在造成个人为圣为贤，而今教育之最要目的，在谋全社会的进步。

诸生当听过进化诸说。下等动物长为高等动物，高等动物进而为人。人再长，又分为二项：一为心理的长进（psychologically），一为社会的或合群的长进（sociologically）。

人同人组合起来，其效用能力之大，自非一人可比。现在世界何国最强？其原因何在？一至其国，便可了然。

其最大的原因，就是比我们齐，亦如一家哥们兄弟均不相下。若一家只仗一人，则相差太多。社会国家同是一理。所以，近来教育家不仅注重个人长进，并注重社会的长进。social end 不仅在心理的长进，而在多数人的齐进。因为社会乃个人联合而成者，若社会不进，则居此间之个人，亦绝难长进。是以个人强，可以助社会长；社会长，亦可以助个人强。是二者当相提并论，不容偏重者。

现在西洋人对于教育青年，均使之有一种社会的自觉心（social consciousness），而吾国多数人尚未脱家族观念，遇公共事则淡然视之。

予前去北京，于车中见有以免票私相售受者，何其不知公共心一至于是耶？彼以铁路为公家者，但能自己得利，则虽损坏公共利益，亦无所顾忌，而旁坐诸人，亦以此非自己之事，故不过问，亦不关心，若此情形，实为社会流毒（social evils）。细考京奉、津浦各路间，此类事殊不少见，似此流毒究竟责在谁人？吾以为虽有强政府、有能力之总统、严厉之法律、有组织之路局，亦不能铲除净尽也！惟有国民社会的自觉心可制此毒。舆论力攻，众目不容，以此对于公共事业之非理举动，即对吾等各个人之举动，有伤于吾各个之权利，则若斯流毒，无待总统法律，自然消灭于无形。国民社会自觉心，诚有不可及之效力。

在京见美国公使，谓国人近来能得钱者，发财后多退入租界，是诚可耻之事，而舆论亦不攻击，甚有争相仿效，以不及为可辱者，真是怪事。而予窃不以为怪，因其所以如是者无他，国民的社会自觉心，social consciousness 未长起来耳。

今者时间有限，姑不多论。即就所以长进社会自觉心，而能谋全社会进步的方法上着想，则须于改换普通道德标准上有所商榷。

若不骂人、不偷、不怒、不谎、不得罪于人等事，先时多谓此为道德很高，然而此为消极的，于今不能谓此为道德。盖彼者，不过无疵而已，于社会虽有若无。今因于社会进步上着想，吾等当另定道德标准，谓："凡人能于社会公共事业，尽力愈大者，其道德愈高。否则，无道德可言。易言之，即凡于社会上有效劳之能力者，social effeciency 则有道德。否则无道德。"若斯数语，包含无限道理。愿诸生用为量人量己之尺，相染成风，使社会上渐渐均用此尺度己，亦用此尺量人，则去所谓社会自觉心、社会进步者不远矣。

　　然而徒知此理，于社会毫无所用。先时教育多尚空谈，殊觉无用，若无实习，恐且有害。美国某教育博士曾谈笑话，谓有函授学堂教人泅泳，学者毕业后投身水中，实行泅泳，竟至溺死。此喻仅知理论而无实验之害，诚足警人。诸生欲按此尺而为道德高尚之人，幸勿仅求理论，更当于己身所在之社会，实在有所效用。于此先小做练习，至大社会时，自然游刃有余。所谓己身所在之社会，对诸生言，如班、如会、如校、如各种组织均是。予此二次所言者，即教育着重个人的长进，更须着重社会的进步。

教学生行

（1925年）

现在社会上的变迁很大，而多流于偏废，只重物质，不重道德。尽管"学富五车"，而行为可以丝毫不顾。

上期周刊登了陶行知先生为本校教职员演讲的一篇稿子，题目是《教学合一》，大家想都看过了。陶先生的意思，说教学应当合一。他的理由是：一、先生的责任在教学，在教学生学；二、教的法子必须根据于学的法子；三、先生不只是教学生学，并且同时自己也要学。我对于他第一个理由，还有些意见，陈先生已约略地写了几句登在周刊上。现在，用这几十分钟，我再和大家讲讲。

我的意思，以为以前的"教书""教学生"，固然是不对；但是"教学生学"就能说是已经尽了教之能事了吗？这个，据我看，还是不够，应该再进一步，教学生行。中国古代的教育的特点，教学生行也可算是一个。我现在可以举几个例，来证明孔子的"教学生行"。

《论语·学而》章有几句话：

子曰：弟子入则孝，出则弟，谨而信，泛爱众，而亲仁；行有余力，则以学文。

这里所谓的"孝""弟""谨""信""爱众""亲仁"，不都是关于"行"的方面的吗？你看他底下接一句说，"行有余力，则以学文"。他对于"行"，是何等的重视！反观现在的知识阶级里的人，多半是学有余力，则以求行；只顾求学求文，反把"行"一方面视为次要，甚且毫不注意。这是什么道理呢？难道说古人须讲"行"，而今人可以不顾吗？

再看《中庸》上的一段话：

博学之；审问之；慎思之；明辨之；笃行之。

这几句话将我们求学的步骤指点得清清楚楚。我们要博学，但是仅仅听受得很多，而不加以讨虑，他人怎样说，我们怎样听，没有丝毫怀疑、思索和辨明的功夫，那又有什么益处？所以那"审问""慎思""明辨"三步是必需的了。这几步功夫都有了之后，可以说声"知道了"就算完事吗？仅仅"知道了"有多大好处？所以"明辨之"之后，接着就是"笃行之"。着重还是在一个"行"字。

再举一个例来说吧，《论语·雍也》篇说：

哀公问："弟子孰为好学？"孔子对曰："有颜回者好学；不迁怒，不贰过……"

哀公问的是谁好学，孔子答了颜回好学，似乎就可接说"不幸短命死矣"。可是他却插入"不迁怒，不贰过"两句，这是论他的"行"的。由此可见孔子心目中的好学，乃学行并重，而不是死捧书本的。

有些人以为"教学生行"很困难，在现在这个时代，无从着手。譬如你教代数，教他行 X 呢？还是行 Y 呢？并且，现在学科这么繁多，顾功课还来不及呢。诚然，现在的社会，比从前的复杂得多。一个人的知识，也应当比前人的多，才能处在社会里头。所以"知"的方面的科学等等，应当多多教授。但是，仅仅得了许多的知识就能满足了吗？"学"的一方面即使十全十备，而"行"的一方面丝毫不注意，这样能算是个完人吗？这当然不对。所以，我以为最低限度，即使"行"不比"学"更重要，也应当"学""行"并重，不可偏废。

学行并重，我们知道是应该的了。但是，怎么"行"呢？是否教工程学的除了课本上的知识而外，还教学生实地练习就叫作"行"？这个，并不是我所谓的"行"，也不是古人所谓的"行"。我所谓的"行"，是行为道德。提起道德，我又有些意见。近来一般人以为人类是动物的一种，他能够生存，他当然不免有欲望；可是一人能力有限，要合多少人，才能使生活的欲望满足；在这共同的努力的关系上，发生出公共的道德信条。这种说法，是从利害上着眼的，而不是从是非上着眼的。现在的人，可以说他们是智者，因为"仁者安仁，智者利仁"，他们都是从利害方面去观察的。这个，固然也是一时的潮流所趋，不易避免。但是我们既然觉出他的错误，就应该力自拯拔。像《论语》里曾子所说："吾日三省吾身：为人谋而不忠乎？与朋友交而不信乎？传不习乎？"那么自己监督着自己。对于学的一方面，也同样的重视努力，使学行两方，平均发展。世界上的人全能如此，那么，现在的那些奇形怪状的事情，早就不致发现，而我们的生活也早就安宁而美满了。

时间匆促，不能多说。现在，让我把我的意思总结起来说吧：现在社会上的变迁很大，而多流于偏废，只重物质，不重道德。尽管"学富五车"，而行为可以私毫不顾。这种错误，我们既已觉察出来，就应极力矫正，学行并重，才可免畸形发展的弊病。所以，现在的教育者，不但是不能以"教书""教学生"为满足，即使他能"教学生学"，还没有尽他的教之能事。他应该更进一步，"教学生行"。"行"些什么？简言之，就是行做人之道。这样，才能算是好的教育。

熏陶人格是根本

（1925 年）

　　研究学问，固然要紧；而熏陶人格，尤其是根本。"君子不重则不威，学则不固"，个人人格是很要紧的。

　　刚才主席说："二年前，曾经有过商学会组织。这次不过中兴罢了。"大概那时时机未熟，所以未能顺利进行，现在时机看来成熟了，希望你们立下稳固的根基。

　　我们学校里，现有文、理、商、矿四科。文、理、商先立，矿科是后添的。但论起精神，矿科最好。它的原因是什么？据我想，矿科每个暑假有练习，同学得在一块儿玩耍或讨论，所以其乐融融，感情甚好。矿学会的组织，虽然也有教授帮助他们，确是个自动的组织，成绩最好。它的原因，也是我前面所说过的暑假有练习。你们商科这次组织商学会，联络校内外同学感情，为将来做事之备。

我希望你们的成绩，不落矿科之后。

南开大学教育目的，简单地说，是在研究学问和练习做事。做事本就是应用学理。将平日所得来的公律、原则、经验应用出来到实事上去。

研究学问，固然要紧；而熏陶人格，尤其是根本。"君子不重则不威，学则不固"，个人人格是很要紧的。人格要与人合作，才能表现，假使你孤居远处，隐居鸣高，那么就是你有高尚人格，也无由表现了。我希望你们同心协力地去合作，表现你们的人格，而达到你们的目的。

人不必怕穷，更不必自私；我不信自私有济于人，我却信社会上各种事能对公私皆有利者，始有济于人。拿着公众利益的目的去做事，决不至于失败。假使真为公而失败，也不算失败。我几十年信此甚深，一意力行，始终未渝。假使有人要在那一界，乘着机会发点财，先为自己谋温饱，这种发财的人，人家对于他，固然不满意，就是他自己以财多受累，也不见得就痛快！

现代科学昌明，工、商、农界都有新的发明和新的组织。我希望南开大学能造出一班有组织能力之人，以发达中国的实业，而谋国家的富强。

现在风行一时的，不就是共产主义吗？它的发生的原因，就是分配不均。一个社会里，有几个资本家拥有大量的财产，群众对于他不满意，因而有罢工等事。但是这些事，是在西洋常见的。中国的现状，说不上有产，有的是些做工工具及机器，这些东西能帮助着人生产快，并且也不能为一个或几个人所独有。所以现在的中国，不是产业的不平，是政治上的不平，政治上的糜乱。我理想中想造出一班人来，发达中国实业，为公的，而非为私的。

　　我的理想，如何实现，在办教育。所恃靠的人，即你们商科的学生。你们今天开完成立大会后，起首去做，希望着达到你们章程上的目的，至于能否达到，要看你们做得如何。不过在现在的中国，为中国历来未有之时机，到处皆机会，不致有"英雄无用武之地"之憾，顶着头去干，快乐极了。

　　你们的智力、体力及家资都很够用，又有一个很安静的地方来读书；读书疲了，还有我这个"做梦家"替你们吹气，环境还不算好吗？现在时局扰乱到如此，一般醉心权利者失败必矣，恢复及最后成功的责任，端在你们预备中的青年。

有人说我厌谈政治，其实何尝如此。实在地讲，今日之政治，无所谓政治。中国现在之政治——官僚之政治，政客之政治耳！政客把身卖与军阀，是为饥寒所迫，不得不然，假使不出卖，就没有饭吃，我并不是不谈政治，是谈政治的机会没有到。我认为要人人有业后，始可谈到政治。现在一般在政界混饭吃之人，皆家无常产，没有饭吃，机会一到，乱喊乱咬，我尚忍心劝人去入此陷阱乎？所以我的方针，是先办实业，后谈政治。从实业中拿些钱出来，去办政治，不是从政治中拿些钱出来，去买议员，这种先实业而后政治，就是我的政治梦。少年人做事，要有眼光，要有合作的精神。有了合作的精神，才有同心一志的意向。一个人上去，不要总去骂人家出风头，中国人真正应当出的风头不去出，所以才闹得中国到这个地步。有人上去了，我们应该去帮助他，不要拆台。少年人固然有些是尖头，只想占便宜，不管闲事，只晓得找人家的错处，而自己又不去做；但是这种尖头的事，小的时候，固然觉不着什么，到了长大成人，出去做事，就不行了。假使有一个同学在某处有点建设，要用一个人，一提到尖头的印象，他就会拒绝引用，这种事确不是小的。眼光要远，有了远的眼光，才有发展的机会，中国现在到处是未开辟，此时不去做，何时去做？

我希望你们，第一联络在校同学的感情，如同矿科一样，再联络出校同学及实业界各人，按部就班地往前去做，到后来就觉着快乐了。我的做事的秘诀，就在快乐，你们如能保持这种乐观的态度，成功如操左券。我在这个成立大会里，因未有预备，随便地说了些闲话，但是我很热烈地希望着你们努力合作，达到你们的高尚目的。

在南开新学期开学典礼上的演说

（1934 年）

> 学校发达，国难也深，比以前深得多。不怕，
> 所怕者，教育不好、不当，不能教育青年得着这种
> 精神。你们也要这样，不把物质放在眼中。物质是
> 精神造的，精神用的。

各位同事，各位学生：

今天是南开大学第十七学年开始的日子。南开的历史，不从大学起，而从中学起。从中学起现在已有三十年。十月十七日就是三十周年纪念日。这三十年来，南开各部连续的发展，我的感想甚多，特来和各位谈谈。

三十年前，中学正式成立。彼时还在严范孙先生家里。在这以前，还有六年的历史，也在严宅，那是个家塾，后来才成正式的中学。中学成立之后，添设大学，又添女中，又添小学。所以南开的历史可说三十年，也可以说三十六

年。无论三十或三十六吧，在此三十或三十六年中，翻看或回想中国历史的人，一定觉得变化真多。学校的历史，也恰恰在这变故极多时期。学校之所以成立，确有它的目的。这目的，旧同事和老学生，大概知道，其余的人，或者不知道。

天津有个有名的学者严范孙先生。他读的是旧书，是中国书，但是他的见解，确不限于中国的旧学。他把时局看得极清楚。他以为中国非改弦更张不可。他做贵州学政的时候，所考的是八股，而所教的是新学。现在在本校贵州学生的父或祖，就许是严先生的门生。严先生倡改科举，改取士的方法，触了彼时朝廷——西太后——之怒，便不做官，回到天津来。戊戌年，个人万幸，遇到严先生。自己本来是学海军的，甲午之后，在海军里实习，彼时年纪二十三四岁，就看中国上下交争利，地大物博、人民众多，而不会利用。彼时自己的国家观念很强。眼看列强要瓜分中国，于是立志要救中国，也可以说自不量力，本着匹夫有责之意，要救国。救法是教育。救国须改造中国，改造中国先改造人。这是总方针。方法与组织，可以随时变更。方针是不变的。中国人的道德坏、智识陋、身体弱；

以这样的民族，处这样的时局，如何能存在？这样的民族，受人欺凌，是应当的。再想，自己是这族人中之一个。于是离开海军，想从教育入手。真万幸，遇到严先生，让我去教家塾。严先生之清与明，给我极大的教训。严先生做事勇，而又不慌不忙。有人说，旁人读书读到手上来了，能写能作，或是读到嘴上来了，能背能说，而严先生读书，真能见诸实行。我们称赞人往往说某某是今之古人，严先生可以说是今之圣人。他那道德之高，而不露痕迹，未尝以为自是好人，总把自己当学生。可惜身体弱——也难怪，书房的环境，身体如何能好——七十岁便故去了。死前也有几年步履不灵，然而心之热，是真热，对国家对教育都热心。我们学校真幸会由严先生发起，我个人真万幸，在严先生指导之下做事。

发起是如此发起，目的是要救国。方法是以教育来改造中国。改造什么？改造他的道德，改造他的知识，改造他的体魄。如此做法，已有三十年。这三十年，时时继续努力，除非有战事，是不停学的。如辛亥革命，局面太乱，停顿几月。记得那是过了旧历九月七日——学校历来的纪念日，后来才改为阳历十月十七日——纪念日过了不久，就停学，下年正月才能开学。以后便未这样长期的停顿。如直皖之战，李景林与张之江在天津附近打仗，奉直之战，不得已停几天，但凡可以，就开学。在座的旧学生旧同事，都还记得，两次津变，不得已停学，不几天又开课，开课就要求进步！

今年的进步，从物质方面说，有中学的新礼堂、女中的新宿舍，小学也有添置，大学也新添教员住宅和化工系的试验室。有人说，华北的局面危险如此，你们疯了，添盖七万四千多块钱的房子。我说，要做，这时候就做；要怕，这三十年就做不成一件事。有人说，南开应该在内地预备退身的地方，我引《左传》上的话回答："我能往，寇亦能往。"

不错，盖了些房子，然而房子算什么？书籍算什么？设备算什么？如果你们有真精神，到哪里都可以建设起来。学校发达，国难也深，比以前深得多。不怕，所怕者，教育不好、不当，不能教育青年得着这种精神。你们也要这样，不把物质放在眼中。物质是精神造的，精神用的。在这一年以内，增加许多设备，人家看来，一则以为糊涂，二则惊讶。钱从哪里来的？想法去弄的。只要精神专注，样样事都可以成功。前星期有个朋友曾仰丰来看我，他是我第一次到美国的一个同船。他说他未到过中学，我便陪他去看。看见那里的建筑，他问，哪儿来的钱？我说，变戏法来的。反正不是抢来的，要是抢来的，现在早已犯案了。他问我学校一共有多少产业。我算了算，房子有一百多万，地皮七八十万，再连书籍设备，大约有二三百万。我也不知钱怎样来的。我也不计算。我就知道向前进。我决不望一望，自己说："成了，可以乐一乐了。"做完一件事，再往前进。赌博的人不是风头顺，就下大注么？我也如此。往前进，能如此的秘诀是什么？公，诚。未有别的。用绕弯方法不成，骗人不成，骗人还会骗几十年？谁有这样大的本领？事情本来是容易，都让人给弄难了。曾先生听我的话点点头。我又说，我一人要有这样大的产业，我身旁就要些人保镖了，还能坐辆破洋车满处跑？

这并不是说我好。我只是说，如果公，如果诚，事就能成功。我的成就太小太小，你们的成就一定比我的大得多。成就的要诀，我告诉你，先把你自己打倒。当初我受了刺激，留下的疤很大，难道你们受了伤，不起疤么？受了刺激，不要嚷，咬牙，放在心里，干！南开的目的是对的，公与诚是有力的，干！近来全国渐觉以往的浮气无用，渐要在实地下工夫，要硬干，要苦干。我们的道理，可以说是应时了。我看见国人这样的觉悟，我就死了也喜欢。我受了刺激，我不恨外国人，我恨我自己为什么不争气。近来国人也知道自责了。所谓新生活运动，就是回头看看自己的做法。孔子教人"失诸正鹄，反求诸己"。射箭射的不好，不要怨靶子不正，怨自己！我给你们说个笑话。当初考武考讲究弓、刀、步、马、剑。有一次县考，一个生员射箭，本事不好，一射射到一个卖面的大腿上去了。县官大怒，要罚考生。卖面的说："大老爷请您不要动怒，这算小的的腿站错了地方，如果小的的腿正站在靶子那儿，这位爷不就不会射上了。"

前些年，国人太浮，嚷嚷"打倒帝国主义"。嚷什么？这么大的国，还受人欺负，是自己太没出息。好了，现在也不嚷嚷了，当初领着学生们嚷嚷的人，也做官了。全国人的态度转变，与我们所见的相同，不责旁人责自己。近来"新生活运动"的规律，同旧日中学镜子上的话很相同。当初中学的大门口，有一面穿衣镜，为的是让学生出入的时候，自己照照自己。镜子上刻着几句话："面必净，发必理，纽必结，胸容宽，肩容平……"我还常教学生，站不直的时候，把胳臂肘向外，就立刻站直了。此外，烟酒绝禁，嫖赌，一查出就革除。我以为发挥我们的旧章，认真执行，就是新生活。近来看着全国有觉悟，看到自己不行自己改。凡是一个人，除了死囚之外，都有机会改自己，都有希望。现在中国要脚踏实地，我认为这真是最要的觉悟，最大的进步。全国的趋势如此。我们也不落人后，发挥南开旧有的精神，认真实行。

再说，你们的先生，我的同事，真不容易请来。钱少，工作重，这是大家都知道的。别的学校用大薪水来请，也请不去。这种精神，是旁处少有的，实在可以作青年的榜样。新来的学生，也知道这里的功课紧，学费重，然而为什么来？不是要得点什么吗？近来的大学生毕业之后，就有职业慌；而我们今年的毕业生，七十几人，十成里有九成以上都找着事了。为什么？不是因为他们肯干么？先生热心，学生肯干，我们正好再求长进。以后要想侥幸，是未有的事。托个人，找个门子，不成。未有真本事不成。

今天是开学之始，又近三十周年纪念日。我们学校已进了一个新阶段。还做，再做。前三十年的进步太少了，此后要求更大的进步。人常说，学生们是国家的主人翁，主人翁是享福的吗？主人翁是受罪的。我说过不知多少次，奴隶容易当，主人难当。做奴隶的，听人的调度，自己不要操心；做主人就要独立，要自主，要负责任。然而有思想的人，宁可身体不安逸，也要精神自主。你们都是主人翁，就得操心，就得受罪，你趁早把这一项打在你的预算里头吧。

我们国难日深，然而还有机会，还有希望。就怕自己不发良心，不努力。我快六十岁了，我还干，一直到死，就决不留一点气力，在我死的时候后悔："哎哟，我还有一点气力未用。"我希望你们人人如此，中国人人人如此。学校三十周年，而国难日深。所可幸者，国人已知回头，向我们这边来了。都要苦干，穷干，硬干。我们看国人这样，一则以喜，一则以惧。喜的是志同道合，惧的是坚持不久。不管别人，我们自己还是咬定牙根去做。

这次天津的学生，到韩柳墅去受军事训练，我以为很好。中国人向来松懒，乱七八糟，受军事训练，使他们紧张。我常说中国人的大病在自私，近来又加上一种外国的病——自由。你也自由，我也自由。不自由，毋宁死。我有个比喻，一边三个人，一边五个人，两边拉绳子，如果五个人的一边，五个人向各方面拉，三个人那一边，三个向一面拉，三个人的那一边必定得胜。这是我教人团结、教人合作的老比喻。中国人的病，就是各拉各的，拉不动了，还怨别人为什么不往他那一边拉。自私！打倒你自己。说什么自由。汉奸也要自由，自由地去做汉奸。孙中山先生的遗嘱，说"余致力国民革命，其目的，在求中国之自由平等"，是要中国自由，现在中国动都动不得，你还讲什么个人自由？求团体的自由！不要个人的自由！从今日起，你说"我要这样"——不行，一个学校如此说，也不行。要求整个国家的自由，个人未有自由，小团体未有自由。我们从外国又学来一种毛病——批评。人家的社会已入轨道，怕他硬化，所以要时常批评。我们全国的建设什么都未有，要什么批评。要批评，等做出些事来了再批评，要批评，先批评自己。最要紧的批评是批评自己。现在有许多人，在那里希望日本和苏俄快开战，愿意他们两国拼一下。你呢？你不干就会好了么？孔子的话是真好。颜渊是孔子的大弟子，颜渊所问的，孔子还不将全副本事教他？颜渊问"仁"，孔子答道："克己复礼。"好个克己。你最大的仇敌，是你们自己。中国人，私、偏、假、虚、空，非将这些毛病克了不可。孔子答子张的话也好，"先事后得"。做你的事，不管别的。现在的人还未做事，先打算盘。吁！你把你自己撇开。我们要做新人，我们要为民族找出路。这是我们的最后的机会了。再不争气，惟有灭亡。我们学校，今年要发挥旧有的精神，更加努力。先生肯牺牲，学生不怕难。你们不要空来，要得点精神，要振作精神。打倒自己，你一定行。参加军事训练的学生，先觉难受，后来也行了，行也行，不行也行，也就行了。逼你自去做事，你对自己一定有许多新发现。日本人就是这样去干。他们的方法，总是置之死地而后生。我总想中国人的筋肉太松，我恨不得打什么针，教他紧张起来！本来就松，又讲什么浪漫，愈不成话。

前者有学生的家长，赞成军事训练，并且以为女生也应当学看护。这见解是对的。女生也要救国，救国不专是男子的责任。我以上的话，也不专是对男生说的。好，我们大家努力起。全国在振作精神，我们不能落后，好容易他们入了正路，我们更当作国民的前驱。

夏丏尊

我在这里受教育呢?

还是在这里受教材?

教育的背景

（1919年）

> 没有背景的艺术不能叫作艺术。没有背景的教育也不能叫作教育。

不论绘画戏剧小说，凡是一种艺术，大概都应当有背景。背景就是将事物的情况烘托显现出来，叫人不但看见事物，并且在事物以外，受着别种感动刺激的一种周围的景象。事物的好坏，不是单独可以判定的，必须摆入一种背景的当中，方才可以认得它的真相，了解它的意义。所以在艺术上，这个背景很有重要的位置。

中国人一向不大讲究背景：画地是白的；戏剧里面的开门关门，光是用手装一个样子；车子只有两扇旗子，骑马也只有一支马鞭就算了。近来虽已经加了布景，但是不管戏情，用来用去，总是这几种老样式，也可算不讲究背景的证据了。至于古来的诗词，却颇多用背景的。用了背景，就添出许多的情趣。譬如"风萧萧兮易水寒，壮士一去兮不复还"，这可算得最悲壮的文字了。但是离开了第一句，便失却它悲壮的意味，因为第一句就是第二句的背景的缘故。其余如"暝色入高楼，有人楼上愁"，"落日照大旗，马鸣风萧萧"等许多好文章，也都可以用这个道理来说明它的好处。

从此看来，背景差不多可算艺术的生命了。教育从一种意义上说也是一种艺术，主张这一说的人近来很多。就是当初将教育组成为一种科学的海尔把尔脱也有这个意见：也应当有背景。没有背景的艺术不能叫作艺术。没有背景的教育也不能叫作教育。

什么叫作教育的背景？这个问题可分几层解释。

第一，我们所行的教育是人的教育，当然应当用人来做背景。人究竟是个什么？这原是最古的疑问，到现在还没有十分解决。原来人有两种方面：一种是动物的方面，就是肉的方面；一种是理性的方面，就是灵的方面。古今东西的哲人都从这两方面来解释人。因为注重的地方不同，就生出种种的意见来了。西洋史上显然有这两个潮流：希腊及罗马初期的人注重肉的方面；基督教徒注重灵的方面，就是前一潮流的反动。这两种主张彼此冲突，结果就变了宗教战争。文艺复兴以后到十九世纪，就是主肉主义全盛的时代，近来学者大概主张灵肉一致了。这个灵肉一致，在我们中国却是已经有过的思想。孔子所谓"从心所欲不逾矩"，就是灵肉一致的状态。

这个人字的解释将来不知还要如何变迁，现在的理想大概是灵肉一致了。所以我们看人不可看得太高，也不可看得太低。进化论一派的学者说人不过为生物的一种，这样看人未免太低。但是用一般所说的人为万物之灵、可以支配一切的看法来看人，也未免看得太高。这两种都不是人的真相。人原本是两面兼有的：一面有肉欲的本能，一面还有理性的本能；一面有利己的倾向，一面还有利他的倾向；一面有服从的运命，一面还有自由的要求。这两方面使他调和一致，不生冲突，这就是近代人的理想。近代伦理学上主张自我实现，教育上主张调和发达，也无非想满足这个要求。"不管学生将来入何等职业，先使他成为一个人。"卢骚这句话说在百年以前，到现在还是真理。现在普通教育中所列的科目，都是养成人的材料，不是教育之目的物，也不是学问。地理是从面的方面解释人生的，历史是从直的方面解释人生的，数学是锻炼人的头脑的，理科是说明人的周围及人与自然界之关系的，语言文字是了解人与人的思想的，体操是锻炼人的身体意志的，其他像手工农业等，虽似乎有点带着职业的色彩，但是在普通教育中，仍是注重陶冶品性的一面。总之，现在普通教育上所列的科目，除了以人为背景以外，完全是毫无意义的。若当作教育之目的物看，当作学问看，那就大错了。

我们中国办学已经二十年光景，这个道理好像大家还没有了解。社会上大概批评学校里的课程无用。有几种父兄竟要求学校说："我的子弟只要叫他学些国文算学。体操手工没有什么用场，不必叫他学。"普通学校里的学生也有专欢喜国文的，也有专欢喜数学的，也有专欢喜史地的。遇着洒扫劳动的作业，大家就都不耐烦。这种都是将材料当作目的物看、当作学问看、不当它养成人的方面看的缘故。不但社会和学生不晓得这个道理，就是教育者，不晓得这个道理的也很多。现在大多的教育者，无非将体操当作体操教，将算术当作算术教，将手工当作手工教罢了。

课程自课程，人自人，这种无背景的教育，就是再办几十年也没有什么效果。所以教育上第一件事是要以人为背景。

人是教育第一种的背景了。无论何物，不能离开空间与时间的两大关系，这个空间时间，在人就是境遇和时代了。不论英雄豪杰，都逃不了境遇和时代的支配。印度地处热带，山川动植物皆极伟大，自然界恍如扑倒人生，所以有佛教思想。中欧气候温和，山川柔媚，所以有自由思想。批评家看见绘画诗文，就是无名的，也能大略辨别它是哪代的制作。这都是人不能离开境遇和时代的证据。所以教育上，第二应当以境遇和时代为背景。

从前斯巴达以战争立国，奖励敏捷，教育上提倡盗窃。这虽是已甚的例，足见时代和境遇所要求的知识，才是有用的知识。现在是何等时代，我们现在是何等境遇，这都是教育家所应当考求的问题。教育家虽然不能促进时代，改良境遇，断不可违背大势而误人子弟。已经这个时候了，还要去讲春秋的大义、冕旒的制度，教人读《李斯论》《封建论》的文章，出《岳飞论》《始皇论》的题目，学少林、天台派的拳棒，使学生变成半三不四的人物，学了几年，一切现在的制度，生活上应有的常识，仍旧茫然。这不是现在教育界的罪恶么？八股时代有一句讥诮读书人的话，说道"八股通世故不通"，现在的教育界能逃避这个讥诮么？

一国有一国的历史，自然不能样样模仿他人，但是一般的趋势，也应该张开眼来看看。一味的保守因袭，便有不合时宜、阻止进步的流弊。旧材料并非不可用，就是用这个材料的态度，很宜注意。一切历史上事实，无非人文进化的过程。这个过程，并无可宝贵的价值。若用了这些材料来说明现在的文化的来历，使人了解所以有新文化的道理和新文化的价值，自然是应该的事。若食古不化，拘泥了这个过程，这就是于现在生活无关系的用法，这种教育就是无背景的教育了。时势既到了今，不能再回到古去。历史上虽然也有复活的事实，但所谓复活者，并不是与前次一式一样，毫无变易的。譬如以前衣服流行大的，后来流行小的，近来又渐渐地流行大的了。近来的大的与以前的大的，究竟式样不同，以前的大，却不失为现在的大的过程。但若是要想拿来混充新的，这是万不能够的事。现在教育家只求博古，不屑通今，所以教育界中完全是尊古卑今的状态。十几岁的学生一动着笔便是古者如何，今则如何，居然也有"江河日下，世风不古"的一种遗老的口吻。这虽是他们思想枯窘聊以塞责的口头禅，也可算是教育不合时势的流毒了。所以要主张以境遇时代为教育的背景。

上面两种背景以外，还有第三种的背景，就是教育者的人格。现在的学校教育是学店的教育，教育者与被教育者的中间但有知识的授受，毫无人格上的接触；简直一句话，教育者是卖知识的人，被教育者是买知识的人罢了。机械地大家卖来卖去，试问这种知识有什么用处？真正的教育需完成被教育者的人格，知识不过人格一部分，不是人格的全体。现在学校教育何尝无管理训练，但是这个管理训练与教授绝对地无关系。教育者大概平日只负教授的责任，遇着管理训练的时候，便带起一副假面具，与平时绝对成两样的态度了。这种管理训练除了以记过除名为后盾以外，完全不能发生效力。而且愈发生效力，结果愈不好，因为于人格无关系的缘故。

人格恰如一种魔力，从人格发出来的行动，自然使人受着强大的感化。同是一句话，因说话者人格的不同，效力亦往往不同。这就是有人格的背景与否的分别。空城计只好让诸葛亮摆的，换了别个便失败了；诸葛亮也只好摆一次的，摆第二次便不灵了。

"以言教者讼，以身教者从"，教育者必须有相当的人格，被教育者方能心悦诚服。只靠规则是靠不住的。我说这句话的意思，并不是凡是教育者必须贤人圣人。理想的人物本是不可多得的，我并不要求教育者皆有完美之人格。原来学校所行的教育，都不过是一种端绪，一切教科，无非是基本的事项，不是全体。所以教育者于人格方面，也只求能表示基本的端绪够了。这个人格的基本端绪，比了教科的基本端绪成就虽难，但是不能说这是无理的要求。

这三种是教育的背景，教育离开了这三种，就无意义。试问现在的教育用什么做背景？有没有背景？

受教育与受教材

（1930 年）

> 重视书册，求教师多发讲义，囫囵吞枣似地但
> 知受教材，不知受教育，究是"买椟还珠"的愚笨
> 办法。

自从我在《中学生》创刊号上写了那篇《你须知道自己》以后，就接到了不少的青年的来信。有的自陈家庭苦况，有的问我中学毕业后的方针，有的痛诉所入学校的不良，问题非常繁多，欲一一答复，代谋解决，究不可能。没法，只好就诸信中寻出一个比较共同的问题，来写些个人的意见当作总答。

我在创刊号那篇文字里，曾劝中学生诸君破除徒以读书为荣的"士"的封建观念，养成实力。这次所接到的来信中，差不多都提及这实力养成的问题。关于这，我实感到有答复的责任。至于答复得好与不好，且不去管他。

先试就"实力"二字加以限制。我的谈话的对手是中学生，所谓实力，当然不是什么财力、权力、武力，也并不是学士或博士的专门学力，乃是普通一般的身心上的能力。例如健康力、想象力、判断力、记忆力、思考力、忍耐力、鉴赏力、道德力、读书力、发表力、社交力等就是。

这种能力，虽是很空洞、很抽象，却是人生一切事业的基础。犹如数学公式中的 X，诸君学过数学，当然知道 X 的性质。X 本身并无一定价值，却是一切价值的总摄，只要那公式是对的，无论用什么数目代入 X 中去都会对。上面的各身心能力，本身原不能换饭吃，成学者，或有功于革命，但如果没有这诸能力，究竟吃不成什么饭，成不了什么学者，或有什么贡献于任何革命事业的。

这身心诸能力，原也可从自然环境或职业部分地获得，例如滨海的住民常善泅泳，当兵的自会富于忍耐力。但人为的有组织的养成机关，不得不推学校教育。所谓教育，就是能力给予的设计。学校就是为施行这设计的而特造的人为的环境。

专门以上的学校为欲使学生直接应世，倾向常偏重于专门的知识技术的传授。专门以下的学校所传授的，不是可以直接应世的知识技术，其任务宁偏重于身心诸能力的养成，愈是低级的学校愈如此。所谓课程也者，无非施行教育作用的一种材料而已。专门以上的课程收得了也许就可应世，就可换饭吃，至于专门以下的学校课程，收得了仍是不能应世，换不来饭吃的。不信，让我举例来说：诸君花了不少的学费，费了不少的光阴，好容易了解了几何中西摩松线的定理或代数中的二项式，记得了蒲公英、鲸鱼的属类与性状，假如初中毕业时成绩第一。但试问这西摩松线的定理和二项式的解答和关于蒲公英、鲸鱼的知识，写出来零折地卖给谁去？怕连一个大钱也不值吧。又假定诸君每日清晨在早操班上"一二三四"地操，一日都不缺课，操得非常纯熟，教师奖誉、体育成绩优等。试问这"一二三四"的举动，他日应起世来，能够和卖拳头的江湖朋友一样收得若干铜子吗？以上不过随举数例，其实诸君所学习着的各科无不皆然。

诸君读到这里也许又要感到幻灭了，且慢且慢，西摩松线、二项式和蒲公英、鲸鱼的知识，虽不能卖钱，但因此而表现的推理力记忆力等等是终身有用的。又，幸而能升学进而求更高深的科学，这些知识当作基础也是有用的。"一二三四"操得好，虽不能变铜子，但由此锻就的好体格，和敏捷、忍耐、有规则等的品性，是将来干任何职业都必要的。"功德不虚"，诸君用几分功，究竟有几分益处在，断不至于落空。

由此可知，中等学校教育的课程，只是一种施行教育的材料，从诸君方面说，是借了这些材料去收得发展身心能力的。诸君在中学校里，目的应是受教育，不应是受教材。重视书册，求教师多发讲义，囫囵吞枣似地但知受教材，不知受教育，究是"买椟还珠"的愚笨办法。

诸君读了我上面的话，如果以为是对的，那么希望诸君注意二事。

第一，要自觉地从各科目摄取身心上的诸能力。我上面所说的话，原只是普通教育上的老生常谈，并非什么新说，照理，教师们都该知道了的。他们应该注意到此，应该利用了教材替诸君养成实力，不应留声机器似的，徒把教本上的事项来一页一页地切卖给诸君。但现在的学校实在太乱杂了，一年之中可换三四个校长，前学期姓张的先生来教诸君的地理，后来归姓胡的教，这学期又换了姓王的。在这样杂乱无序的情形之下，说不定诸君的教师之中没有不胜任的分子。又，教育是教师与学生合作的事，教师虽施着正当的教育，学生如果无接受的热心，也不会有好结果，故诸君须有养成身心诸能力的自觉才好。一个代数方程式，同级的人都能解，你如果解不出，这事本身关系原不大。但在一方面说，就是你的记忆力或思考力不及人，不到水平线，这却是大事。冬天早操屡次赶不上，这事本身原不算得什么有碍，但由此而显现着的你的这惰性，如果不改革，却是足为你终身之累的，无论你将来干什么。

　　第二，对各科目要普遍地学习。近来中学生之间，常有因浅薄的实用观念或个人的癖好，把学习的科目偏重或鄙弃的事。有的想初中毕业后去考邮局电报局，就专用功英语，有的想成文人，就终日读小说。无论哪一校，数学都被认为最干燥无味，大家对了都要皱眉的科目。体育科，则除了几个选手人员外，差不多无人过问，认为可有可无。图画、音乐等科，也被认为无足重轻的东西。这种倾向由能力养成上看来，真是大大的错误。因了学科的性质，有的须多用些功，有的可少用些功，原是合理的。又，现制中学的高中已行分科制，学生为了将来所认定的方向，学习要偏重些某方面，也是对的。我所指摘的只是普通一般的中学生的对于学科的偏向，尤其是对于初中部的学生。你想毕业后去考邮局或电报局并不是坏事，但除了英语的知识以外，多带些知识趣味去，就是说，在记忆力忍耐力等以外，多养成些别的能力去，不更好吗？你想成文人也好，但多方面的能力修养，将来不会使你的文人资格更完满吗？

　　中学原只是普通教育，其中的学科都是些人类文化的大略的纲目，换言之，只是一个常识，在综合地养成身心的能力上看来，不消说是好材料。次之，在有升学希望的人，当作预备知识也自有其意义。至于要想单独地拿了一种去换职业，究竟是毫无把握的。将来情形变更也许不能这样断言，至少在现制度是如此。任你怎样地去偏重，结果所偏重的依然无用，而在别的方面却失去了能力养成的普遍的机会，只是自己的损失而已。

　　一家商店，常有一种东西是值得买，而其余是不值得买的。例如杭州西湖上的菜馆里，醋溜鱼是好的，而挂炉烤鸭就不好，虽然门口也挂着"挂炉烤鸭"的牌子，我们如果要吃醋溜鱼，就到杭州西湖边上去；如果要吃烤鸭，那么上北京菜馆去，不然就会找错了门路。学校犹如商店，在中学校里所可吸收的是普通的身心能力，不是可以直接应世的教材。如果要买应世实用的教材，那么将来进专门大学去，或是现在就进甲种实业去，急于考邮局电报局的，还是进英文夜校去。

中学校的性质如此，是借了教材给予能力的。诸君在中学校里，试自己问问："我在这里受教育呢？还是在这里受教材？"

文学的力量

（1933 年）

文学是有力量的。文学的力量由具象、情绪和作者的敏感而来；文学的力量，其性质是感染的，不是强迫的；文学作品对于读者发生力量，要以共鸣作用为条件。

文学有力量是事实。在几千年前，我们中国就知道拿文学来做移风易俗、改革社会的工具，这用现在的用语来说，就是所谓文艺政策。足见文学的力量，自古就已经大家承认的了。到了现在，因了印刷与交通的进步，识字者的增多，文学的力量愈益加增。我们可以说，文学的力量是非常之大的，只要看《黑奴吁天录》一书使黑奴得到解放，青年人读《少年维特的烦恼》有因而致自杀者，便可以明了。所以文学之有力量已是明白的事实，无须费词。今天所要讲的是以下三点：第一，文学的力量从何而来；

第二，文学力量的特点；第三，文学对于读者发生力量需要什么条件。

一、文学的力量从何而来

我以为要讲文学的力量发生，应先讲文学的本身。文学的作品如诗歌小说之类，和"等因奉此"的公文，"天地元黄、宇宙洪荒"的千字文性质不同。文学的特性第一是"具象"。我们平常说话不一定是文学的，但如果用文学的方法来说，便成为文学的了。譬如我们说："日子过得很快。"这句话语不足称为文学。如果我们要使它文学化，第一就应当使其能够使人感觉到，既是使其具象化。于是我们便说："流光容易把人抛，红了樱桃，绿了芭蕉。"这样便成为文学的说法了。为什么？因为后边的一句是具象化的："抛""红""绿""樱桃""芭蕉"，都是可用感觉机关来捉摸的事象，比"日子过得很快"的说法有声有色得多。再好像我们听见人家说某某地方打仗，死了很多人。这句话当然使我们感动，但若我们果然亲身到了那个地方，眼睛看见累累的尸身，狰狞可怖，那我们所得的印象一定更深了。可见愈具象的事情愈能使人感动。文学的力量也是同样发生的。通常说，中国人胆子小、爱面子、爱虚荣，因为有了这些劣根性，于是中国人到处吃亏。但是只讲我们中国人有这些不良的品性，我们听了感动甚少。经鲁迅在《阿Q正传》中，假了名叫阿Q的一个人，加以一番具体的描写，便深刻多了。

文学的力量是从"具象"来的，不具象就没有力量。

文学的特性，第二是情绪的。这情绪也是使文学有力的一个条件。大凡告诉人家一件事情使他去做，有好几种的方法，或是用知识，或是诉之于情感。知识能够使人知道"如此这般"，但是很不容易使人实行。如果用情感就不同了。我们用情感使人做一件事，若是能使对方动情，对方自然便去做了。所谓"情不自禁"者，就是指这现象的话。文学的作品并不告诉人家如何如何，只把客观的事实具象的写下来，使人自己对之发生一种情绪，取得其预期的效果。

以上是讲文学本身发生力量的缘由。次之，文学的力量还可以从文学作者发生。文学作者的敏感，也是使文学有力量的原因。所谓文学作者，便是那些感情和观察力比较常人来得敏捷的写作的人：普通人看不见的，他们能够看见；普通人感觉不到的，他们感觉得到；普通人想不到的，他们也想得到。因为文学作者对于社会、对于事物的观感，比常人特别强，所以社会有变动时，先觉者往往是文学作者。世间事件所含奥秘，一般人往往不能见到，经文学作者提醒以后，方才注意及之。譬如讲到妇女解放问题，最初发动的是文学作者易卜生，他的名剧《娜拉》便是妇女解放的先声。美洲的黑奴解放，普通人都归功于《黑奴吁天录》一书。因为人生很微细的地方，文学作者都能看得到，因而把他的敏感观察得到的东西发为创作，自然会使人佩服，对读者有力量了。

所以，文学的力量的来源，可以分作两部分，第一从文学本质而来的，由于具象，由于情绪；第二是从文学作者方面来的，便是由于作者的敏感。

二、文学力量的特点

文学的力量是感染的力量，不是教训。教训的力量是带有强迫性的，文学的力量是没有强迫性的，是自由的。近来常有一种作品，带着浓厚的教训性，露骨地显露着某种的教训。这些作品往往缺乏具象与真实的情绪，与其说是文学作品，不如说是口号的改装。口号是一种号令，具有强烈的强迫性，真正的文学的力量，性质决非如此。文学并非全没教训，但是文学所含的教训乃系诉之于情感。文学对于世界，显然是负有使命的。文学之收教训的结果，所赖的不是强制力，而是感染力。良师对于子弟，益友对于知己，当施行教训的时候，常极力避用教训的方式，而用感化的方法，结果往往得到更大的功效。文学的力量亦正如此。

三、文学对读者发生力量的条件

文学的力量是不普遍的。文学需要着读者，某作家作了一本小说，如果国内读的人有了一万万，这一万万人也许都受了这本小说的感动，而还有三万万人没读这本小说的，是无法直接感动的。并且，一种文学作品并非对于任何读者都能发生效力。文学作品要对于读者发生效力，其主要条件是作者和读者之间的"共鸣"。作品对于读者有共鸣作用的便有力量，没有共鸣作用便无力量。这共鸣作用因空间时间而不同，因人的思想环境有别而各异。譬如讲失恋故事的作品，在我这个未曾尝过恋爱滋味的人读了，是不甚会发生共鸣的；西洋小说里面讲基督教的部分，在不懂基督教的人看来是不会发生兴趣的。一个作品里所表现的东西常有一般的与特殊的两种，大概描写一般的人性的东西，容易使多数人感动，对多数人发生有力量；至于叙写特殊的境遇的东西，如孤儿的悲哀、失恋的痛苦之类的东西，非孤儿和未曾尝过恋爱的滋味的人看了，感动要比较少。《红楼梦》是一部著名的小说，写林黛玉有许多动人的地方，但是这书在一百年前的闺秀眼中，和在现今的"摩登"小姐眼中，情形便不一样，她们的感受一定不大相同。某种作品有某种读者，《啼笑因缘》的读者和《阿Q正传》的读者，根本上是不同的人。

把上面的话归纳起来，就是：文学是有力量的。文学的力量由具象、情绪和作者的敏感而来；文学的力量，其性质是感染的，不是强迫的；文学作品对于读者发生力量，要以共鸣作用为条件。

怎样阅读

（1936 年）

　　阅读通常可分为两种，一是略读，一是精读。
略读的目的在理解，在收得内容；精读的目的在揣
摩，在鉴赏。

　　前天我曾对中学生诸君讲过一次话，题目是《阅读什
么》。今天所讲的，可以说是前回的连续题目，是《怎样
阅读》。前回讲"阅读什么"，是阅读的种类；今天讲"怎
样阅读"，是阅读的方法。

　　"怎样阅读"和"阅读什么"一样，也是一个老问题，
从来已有许多人对于这问题说过种种的话。我今天所讲的
也并无前人所没有发表过的新意见、新方法，今天的话是
对中学生诸君讲的，我只希望我的话能适合于中学生诸君
就是了。

　　我在前回讲"阅读什么"的时候，曾经把阅读的范围

划成三个方面：第一是职务上的书，第二是参考的书，第三是趣味修养的书。中学生的职务在学习中学校的课程，中学校的各科教科书属于第一类，学习功课的时候须有别的书籍作参考，这些参考书属于第二类；在课外选择些合乎自己个人趣味或有关修养的书来阅读，这是第三类。今天讲"怎样阅读"，也仍想依据了这三个方面来说。

先讲第一类关于诸君职务的书，就是教科书。摆在诸君案头的教科书有两种性质可分，一种是有严密的系统的，一种是没有严密的系统的。如算学、理化、地理、历史、植物、动物等科的书，都有一定的章节，一定的前后次序，这是有系统的。如国文读本，如英文读本，就定不出严密的系统，一篇韩愈的《原道》可以收在初中国文第一册，也可以收在高中国文第二册，一篇富兰克林的传记，可以摆在初中英文第三册，也可以摆在高中英文第二册。诸君如果是对于自己所用着的教科书留心的，想来早已知道这情形。这情形并不是偶然的，可以说和学科的性质有关。有严密的系统的是属于一般的所谓科学，像国文、英文之类是专以语言文字为对象的，除文法、修辞教科书外，一般所谓读本、教本，都是用来做模范做练习的工具的东西。

所以本身就没有严密的系统了。教科书既然有这两种分别，阅读的方法就也应该有不同的地方。

如果把"阅读"分开来说，一般科学的教科书应该偏重于阅，语言文字的教科书应该偏重在读。一般科学的教科书虽也用了文字写着，但我们学习的目标并不在文字上，譬如说，我们学地理、学化学，所当注意的是地理、化学书上所记着的事项本身，这些事项除图表外原用文字记着，但我们不必专从文字上记忆揣摩，只要从文字去求得内容就够了。至于语言文字的学科就不同，我们在国文教科书里读到一篇文章——假定是韩愈的《画记》，这时我们不但该知道韩愈这个人，理解这篇《画记》的内容，还该有别的目标，如文章的结构、词句的式样、描写表现的方法等等，都得加以研究。如果读韩愈的《画记》，只知道当时曾有过这样的画，韩愈曾写过这样的一篇文章，那就等于不曾把这篇文章当作国文功课学习过。我们又在英文教科书里读华盛顿砍樱桃树的故事，目的并不在想知道华盛顿为什么砍樱桃树，砍了樱桃树后来怎样，乃是要把这故事当作学习英文的材料，收得英文上种种的法则。所以"阅读"两个字不妨分开来用，一般科学的教科书应懂它的内容，不必从文字上去瞎费力，只要好好地阅就行；像国文、英文两门是语言文字的功课，应在形式上多用力，只阅不够，该好好地读。

不论是阅或是读，对于教科书该毫不放松，因为这是正式功课，是诸君职务上的工作。有疑难，得去翻字典；有问题，得去查书。这就是所谓参考了。参考书是为用功的人预备的，因为要参考先得有参考的项目或问题，这些项目或问题，要阅读认真的人才会从各方面发生。这理由我在前回已经讲过，诸君听过的想尚还能记忆，不多说了。现在让我来说些阅读参考书的时候该注意的事情。

第一，我劝诸君暂时认定参考的范围，不要把自己所要参考的项目或问题抛荒。我们查字典，大概把所要查的字或典故查出了就满足，不会再分心在字典上的。可是如果是字典以外的参考书，一不小心，往往有辗转跑远的事情。举例来说，你读《桃花源记》，为了"乌托邦思想"的一个项目，去把马列斯的《理想乡消息》来做参考书读，是对的，但你得暂时记住，你所要参考的是"乌托邦思想"，不是别的项目。你不要因读了马列斯的这部《理想乡消息》

就把心分到很远的地方去。马列斯是主张美术的，是社会思想家，你如果不留意，也许会把所读的《桃花源记》忘掉，在社会思想咧，美术咧等等的念头上打圈子，从甲方面转到乙方面，再从乙方面转到丙方面，结果会弄得头脑杂乱无章。我们和朋友谈话的时候，常有把话头远远地扯开去，忘记方才所谈的是什么的。这和因为看参考书把本来的题目抛荒，情形很相像。懂得谈话方法的人，碰到这种情形常会提醒对手把话说回来，回到所要谈的事情上去。看参考书的时候，也该有同样的注意，和自己所想参考的题目无直接关系的方面，不该去多分心。

第二，是劝诸君乘参考之便，留意一般书籍的性质和内容大略。除了查检字典和翻阅杂志上的单篇文字以外，所谓参考书者，普通都是一部一部的独立的书籍。一部书有一部书的性质、内容和组织式样，你为了参考，既有机会去见到某一部书，乘便把这一部书的情形知道一些，是并不费事的。诸君在中学里有种种规定要做的工作，课外读书的时间很少，有些书在常识上、将来应用上却非知道不可，例如，我们在中学校里不读"二十五史""十三经"，但"二十五史""十三经"是怎样的东西，却是该知道的常识。我们不做基督教徒，不必读圣书，但《新约》和《旧约》的大略内容，却是该知道的常识。如果你读历史课，对于"汉武帝扩展疆土"的题目，想知道得详细一点，去翻《史记》或是《汉书》，这时候你大概会先翻目录吧；你翻目录，一定会见到"本纪""列传""表""志"或"书"等等的名目，这就是《史记》或《汉书》的组织构造。你读了里面的《汉武帝本纪》一篇，或全篇里的几段，再把这些目录看过，在你就算是对于《史记》或《汉书》发生过关系，《史记》《汉书》是怎样的书，你可懂得大概了。再举一个例来说，你从植物学或动物学教师口头听到"进化论"的话，你如果想对这题目多知道些详细情形，你可到图书馆去找书来看。假定你找到了一本陈兼善著的《进化论纲要》，你可先阅序文，看这部书是讲什么方面的，再查目录，看里面有些什么项目。你目前所参考的也许只是其中的一节或一章，但这全书的概括知识，于你是很有用处的。你能随时留心，一年之中，可以收得许多书籍的概括的大略知识，久而久之，你就知道哪些书里有些什么东西，要查哪些事项，该去找什么书，翻检起来，非常便利。

以上所说的是关于参考书的话。参考书因参考的题目随时决定，阅读参考书的时候，要顾到自己所参考的题目，勿使题目抛荒，还要把那部书的序文、目录留心一下，记个大略情形，预备将来的翻检便利。

以下应该讲的是趣味修养的书，这类的书，我在上回曾经讲过，种数不必多，选择要精。一种书可以只管读，读到厌倦才止。这类的书，也该尽量地利用参考书。例如，你现在正读着杜甫的诗集，那么有时候你得翻翻杜甫的传记、年谱以及别人诗话中对于杜诗的评语等等的书。你如果正读着王阳明的《传习录》，你得翻翻王阳明的集子、他的传记，以及后人关于程、朱、陆、王的论争的著作。把自己正在读着的书做中心，再用别的书来做帮助，这样，才能使你读着的书更明白，更切实有味，不至于犯浅陋的毛病。

上面所讲的是三种书的阅读方法。关于阅读两个字的本身，尚有几点想说说。我方才曾把教科书分为两种性质，一种是属于一般的科学的，有严密的系统；一种是属于语言文字的，没有严密的系统。我又曾说过，属于一般科学的该偏重在阅；属于语言文字的，只阅不够，该偏重在读。

现在让我再进一步来说，凡是书都是用语言文字写成的，照普通的情形看来，一部书可以含有两种性质：书本身有着内容，内容上自有系统可寻，性质属于一般科学；书是用语言文字写着的，从形式上去推究，就属于语言文字了。一部《史记》，从其内容说是历史，但是也可以选出一篇来当作国文科教材。诸君所用的算学教科书，当然是属于科学一类的，但就语言文字看，也未始不可为写作上的参考模范。算学书里的文章，朴实正确，秩序非常完整，实是学术文的好模样。这样看来，任何书籍都可有两种说法，如果就内容说，只阅可以了，如果当作语言文字来看，那么非读不可。

这次播音，教育部托我担任的是中学国语科的讲话，我把我的讲话限在阅读方面。我所讲的只是一般的阅读情形，并未曾专就国语一科讲话。诸君听了也许会说我的讲话不合教育部所定的范围条件吧。我得声明，我不承认有许多独立存在的所谓国语科的书籍，书籍之中除了极少数的文法、修辞等类以外，都可以是不属于国语科的。我们能说《论语》《孟子》《庄子》《左传》是国语吗？能说《红楼梦》《水浒》《三国演义》是国语吗？可是如果从形式上着眼，当作语言文字来研究，那就没有一种不是国语科的材料，不但《论语》《孟子》《庄子》《左传》是国语，《红楼梦》《水浒》《三国演义》是国语，诸君的物理教科书、植物教科书也是国语，甚至于张三的卖田契、李四的家信也是国语了。我以为所谓国语科，就是学习语言文字的一种功课；把本来用语言文字写着的东西，当作语言文字来研究、来学习，就是国语科的任务，所以我只讲一般的阅读，不把国语科特别提出。这层要请诸位注意。

把任何的书，从语言文字上着眼去学习研究，这种阅读，可以说是属于国语科的工作。阅读通常可分为两种，一是略读，一是精读。略读的目的在理解，在收得内容；精读的目的在揣摩，在鉴赏。我以为要研究语言文字的法则，该注重于精读。分量不必多，要精细地读，好比临帖，我们临某种帖，目的在笔意相合，写字得它的神气，并不在乎抄录它的文字。假定这部帖里共有一千个字，我们与其每日瞎抄一遍，全体写一千个字，倒不如拣选十个或二十个有变化的有趣味的字，每字好好地临几遍，来得有效。诸君读小说，假定是茅盾的《子夜》，如果当作语言文字的学习的话，所当注意的不但是书里的故事，对于书里面的人物描写、叙事的方法、结构照应，以及用词、造句等等该大加注意。诸君读诗歌，假定是徐志摩的诗集，如果当语言文字学习的话，不但该注意诗里的大意，还该留心它的造句、用韵、音节，以及表现、着想、对仗、风格等等的方面。语言文字上的变化技巧，其实并不十分多的，只要能留心，在小部分里也大概可以看得出来。假定一部书有五百页，每一页有一千个字，如果第一页你能看得懂，那么我敢保证，你是能把全书看懂的。因为全书所有的语言文字上的法则在第一页一千字里面大概都已出现。举例来说，文法上的法则，像动词的用法、接续词的用法、形容词的用法、助词的用法，以及几种句子的结合法，都已出现在第一页了。我劝诸君能在精读上多用力。

为了时间关系，我的话就将结束。我所讲的话，乱杂疏漏的地方自己觉得很多，请诸君代去求教师替我修正。关于中学国语科的阅读，我几年前曾发表过好些意见，所说的话和这回大有些不同。记得有两篇文章，一篇叫作《关于国文的学习》，载在《中学各科学习法》（《开明青年丛书》之一）里，还有一篇叫《国文科课外应读些什么》，载在《读书的艺术》（《中学生杂志丛刊》之一）里，诸君如未曾看到过的，请自己去看看，或者对于我这回的讲话，可以得到一些补充。我这无聊的讲话，费了诸君许多课外的时间，对不起得很。

学习国文的着眼点

（1936 年）

> 我们学习国文所当注重的，并不是事情、道理、
> 东西或感情的本身，应该是各种表现方式和法则。

上

中学生诸君：这回我承教育部的委托，来担任关于国文科的讲演。讲演的题目叫作《学习国文的着眼点》。打算分两次讲，今天先来一个大纲，下次再讲具体的方法。

为了要使听众明了起见，开始先把我的意见扼要地提出。我主张学习国文该着眼在文字的形式方面。就是说，诸君学习国文的时候，该在文字的形式方面去努力。

所谓形式，是对内容说的。诸君学过算学，知道算学上的式子吧，"1+2=3"这个式子可以应用于种种不同的情形，譬如说一个梨子加两个梨子等于三个梨子，一只狗

加两只狗等于三只狗，无论什么都适用。这里面，"1+2=3"是形式，"梨子"或"狗"是内容。算式上还用着"X"的，那更妙了，算式中凡是用着"X"的地方，不拘把什么数字代进去都适合，这时候"1""2""3"等等的数字是内容，"X"是形式了。

让我们回头来从国文科方面讲，文字是记载事物发挥情意的东西，它的内容是事物和情意，形式就是一个个的词句以及整篇的文字。文字的内容是各个不同的：同是传记，因所传的人物而不同；同是评论，有关于政治的，有关于学术的，有关于经济的；同是书信，有讨论学问的，接洽事务的。可以说一篇文字有一篇文字的内容，无论别人所写或自己所写，每篇文字决不会有相同的内容的。内容虽然各不相同，形式上却有相同的地方，就整篇的文字说，有所谓章法段落结构等等的法则；就每一句说，有所谓句子的构成及彼此结合的方式；就每句中所用的词儿说，也有各种的方法和习惯。此外因了文字的体裁，各有一定共通的样式，例如，书信有书信的样式，章程有章程的样式，记事文有记事文的样式，论说文有论说文的样式。这种都是形式上的情形，和文字的内容差不多无关。我以为在国文科里所应该学习的就是这些方面。

国文科是语言文字的学科，和别的科目性质不同，这只要把诸君案头上教科书拿来比较，就可明白。别的科目的教科书如动物、植物、历史、地理、算术、代数，都是分章节的，全书共分几章，每章之中又分几个小节，前一章和后一章，前一节和后一节，都有自然的顺序，系统非常完整，可是国文科的教科书就不是这样了。诸君所读的国文教材，大部分是所谓选文，这些选文是一篇一篇的东西，有的是前人写的，有的是现代人写的，前面是《史记》里的一节，接上去的也许可以是《红楼梦》或《水浒传》的一节；前面是古人写的书信，接上去的也许会是现代人的小说。这种材料的排列，谈不到什么秩序和系统，至于内容，更是杂乱得很。别的科目的内容是以我们所需要的知识为范围排列着的，植物教科书告诉我们关于植物的一般常识，历史教科书告诉我们人类社会活动进步的经过，地理教科书告诉我们地面上的种种现象和人类的关系，都有一定的内容可说。但是国文教科书的内容是什么呢？却说不出来。原来国文科的内容什么都可以充数，忠臣孝子的事迹固然可以做国文的内容，苍蝇蚊子的事情也可以做国文的内容，诸君试把已经读过的文字回忆一下，就可发现内容上的杂乱的情形。国文科的内容不但杂乱，而且有许多不是我们所需要的。譬如说：现在已是飞机炸弹的时代了，我们所需要的是最新的战争知识，而在国文教科书里所选到的还是单刀匹马式的《三国志演义》或《资治通鉴》里的一节。我们已是二十世纪的共和国公民了，从前封建时代的片面的道德观念已不适用，可是我们所读的文字，还有不少以宗祧贞烈等为内容的。我们是青年人，青年人所需要的是活泼勇猛的精神，可是国文教科书里尽有不少中年人或老年人所写的颓唐感伤的作品，甚至于还有在思想上态度上已经明白落伍了的东西。国文科的教材如果从内容上看来，真是杂乱而且不适合的。有些教育者见到了这一层，于是依照了内容的价值来编国文教科书，他们预先定下了几个内容项目，以为青年应该孝父母、爱国家，应该交友有信，应该办事有恒，于是选几篇孝字的传记排在一组，选几篇忠臣烈士的故事排在一组，这样一直排下去。这办法无异叫国文科变成了修身科或公民科，我觉得也未必就对。给青年读的文字当然要选择内容好的，但内容的价值，在国文科究竟不是真正的目的。

我的意思，国文科是语言文字的学科，除了文法修辞等部分以外，并无固定的内容的。只要是白纸上写有黑字的东西，当作文字来阅读来玩味的时候，什么都是国文科的材料。国文科的学习工作，不在从内容上去深究探讨，倒在从文字的形式上去获得理解和发表的能力。凡是文字，都是作者的表现。不管所表现的是一桩事情、一种道理、一件东西或一片情感，总之逃不了是表现。我们学习国文所当注重的，并不是事情、道理、东西或感情的本身，应该是各种表现方式和法则。诸君读英文的时候，曾经读过"龟兔竞走"的故事吧。诸君读这故事，如果把注意力为内容所牵住，只记得兔最初怎样自负，怎样疏忽，怎样睡熟，龟怎样努力，怎样胜过了兔等等一大串，而忘却了本课里的所有的生字难句，及别种文字上的方式，那么结果就等于只听到了"龟兔竞走"的故事，并没有学到英文。国文和英文一样，同是语言文字的科目，凡是文字语言，本身都附带有内容，文字语言本来就是为了要表现某种内容才发生的，世间决不会有毫无内容的文字语言。不过在国文科里，我们所要学习的是文字语言上的种种格式和方法，至于文字语言所含的内容，倒并不是十分重要的东西。

我们自己写作的时候，原也需要内容，这内容要自己从生活上得来，国文教科书上所有的内容，既乱杂，又陈腐，反正是不适用、不够用的。我们的目的是要从古人或别人的文字里学会了记叙的方法，来随便叙述自己所要叙述的事物；从古人或别人的文字里学会了议论的方法，来随便议论自己所想议论的事情。

学习国文，应该着眼在文字的形式上，不应该着眼在内容上，这理由上面已经说了许多，想来诸君已可明白了。有一件事要请大家注意，就是文字的内容是有吸引人的力量的东西，我们和文字相接触的时候，容易偏重内容忽略形式。老实说，一般的文字语言的法则，在小学教科书里差不多已完全出现了，诸君在未进中学以前，曾经读过六年的国语，教科书共有十二册。这十二册教科书照理应该把一般的文字语言的法则包括无遗。可是据我所知道的情形看来，似乎从小学出来的人都未能把这些法则完全取得。这是不足怪的，文字语言具有内容形式两个方面，要想离开内容去注意它的形式，多少需要有冷静的头脑。小学国语教科书的内容更不同，总算是依照了儿童生活情形编造的，内容的吸引力更大，更容易叫读的人忽略形式方面。

用实在的例来说，依年代想来，诸君在小学里学国语，第一课恐怕是"狗，大狗，小狗，大狗叫，小狗跳"吧。这寥寥几个字，如果从文字的形式上着眼去玩味，有单语和句子的分别，有形容词和名词的结合法，有押韵法，有对偶法，有字面重叠法，但是试问诸君当时读这课书，曾经顾着到这些吗？那时先生学着狗来叫给诸君听，跳给诸君看，又在黑板上画大狗画小狗，对诸君讲狗的故事，诸君心里又想起家里的小花或是间壁人家的来富，整个的兴趣都被内容吸引去了，哪里还有工夫来顾到文字形式上的种种方面。据我的推测，诸君之中大多数的人，在小学里学习国语，经过情形就是如此的。不但小学时代如此，诸君之中有些人在中学里读国文的情形恐怕还是如此。诸君读到一篇烈士的传记，心里会觉得兴奋吧。读到一篇悲情的小说，眼里会为之流泪吧。读到一篇干燥无味的科学记载，会感到厌倦吧。这种现象在普通读书的时候是应该的，不足为怪，如果在学习文字的时候，要大大地自己留意。对于一篇文字或是兴奋，或是流泪，或是厌倦，都不要紧，但得在兴奋、流泪或厌倦之后，用冷静的头脑去再读再看，从文字的种种方面去追求，去发掘。因为你在学习国文，你的目的不在兴奋，不在流泪，不在厌倦，在学习文字呀。

竟有许多青年，在中学已经毕业，文字还写不通的，其原因不消说就在平时学习国文未得要领。文字的所以不通，并不是缺乏内容，十之八九毛病在文字的形式上。这显然是一向不曾在文字的形式上留意的缘故。他们每日在国文教室里对了国文教科书或油印的选文，只知道听教师讲典故，讲作者的故事，典故是讲不完的，故事是听不完的，一篇一篇的作品也是读不完的。学习国文，目的就在学得用文字来表现的方法，他们只着眼于别人所表现着的内容本身，不去留心表现的文字形式，结果当然是劳而无功的。

从前的读书人学文字，把大半的工夫花在揣摩和诵读方面。当时可读的东西没有现在的多，普通人所读的只是几部经书和几篇限定的文章。说到内容，真是狭陋得很。所写的文字也只有极单调的一套，如"且夫天下之人……往往然也"之类。他们的文字虽然单调，在形式上倒是通的，只是内容空虚顽固得可笑而已。近来学生的文字，毛病适得其反，内容的范围已扩张得多了，缺点往往在形式上。这是值得大大地加以注意的。

我的话完了，今天说了不少的话，最重要的只有一句，就是说，学习国文应该着眼在文字的形式方面。至于具体的学习方法，留到下一回再讲。

下

中学生诸君：前两天，我曾有过一回讲演，题目叫作《学习国文的着眼点》，大意是说，学习国文应该从文字的形式上着眼。今天所讲的是前回的连续，前回只讲了一番大意，今天要讲到具体的方法。

学习国文的方法，从古到今不知道已有多少人说过，我今天所讲的不消说都是些"老生常谈"，请勿见笑。我是主张学习国文应该着眼在文字的形式的，我所讲的方法也是关于形式方面的事情。打算分三层来说，一是关于词儿的，二是关于句子的，三是关于表现方法的。

先说关于词儿所当注意的事情，第一是词儿的辨别要清楚，中国的文字是一个个的方块字，本身并无语尾变化，完全由方块的单字拼合起来造出种种的功用。中国文字寻常所用的不过一二千个字，初看去似乎只要晓得了这一二千个字，就可看得懂一切的文字了，其实这是大错的，中国常用的文字数目虽有限，可是拼合成功的词儿数目却很多，例如"轻""重"两个字，是小学生都认识的，但"轻"字"重"字和别的单字拼合起来，可以造成许多词儿，如"轻率""轻浮""轻狂""轻易""轻蔑""轻松""轻便"都是用"轻"字拼成的词儿，"重要""重实""严重""厚重""沉重""郑重""尊重"都是用"重"字拼成的词儿，此外还可有各种各样的拼合法。这些词儿当然和原来的"轻"字"重"字有关联，可是每个词儿意思情味并不一样，老实说每个都是生字。你在读文字的时候必会和许许多多的词儿相接触，你在写文字的时候必要运用许许多多的词儿，词儿的注意，是很要紧的。中国从前的字典只有一个个的单字，近来已有辞典，不仅仅以单字为本位，把常用的词儿都收进去了。每一个词儿的意义似乎可用辞典来查考，但是你必须留意，辞典对于词儿的解释，是用比较意思相像的同义语来凑数的，譬如说"轻狂"和"轻薄"两个词儿，明明是有区别的，可是你如果去翻辞典，就会见"不稳重"或"不庄重"等类的共通的解释。这并不是辞典不好，实在是无可奈何的事，一个词儿的意义是多方面的，辞典当然不能一一列举，只能把大意用别的同义语来表示了。词儿不但有意义，还有情味，词儿的情味，完全要靠自己去领略，辞典是无法帮忙的。犹之吃东西，甜、酸、苦、辣是尝得出而说不出的。文字语言是社会的产物，词儿因了许多人的使用，各有着特别的情味，这情味如不领略到，即使表面的意义懂得了，仍不能算已了解了这词儿。再举例来说，"现代"和"摩登"，意思是差不多的，可是情味大大不同。"现代学生""现代女子"并不就是"摩登学生""摩登女子"的意思。这因为"摩登"二字在多数人的心目中已变更了意义，"现代"二字不能表出它的情味了。又如"贼出关门"和"亡羊补牢"这两句成语，都是事后补救的譬喻，意思也差不多，但使用在文字语言里，情意也有区别，"贼出关门"表示补救已来不及，"亡羊补牢"表示尚来得及补救。这因为"亡羊补牢"一向就和"未为晚也"联在一处，而"贼出关门"却是说人家失窃以后的情形的缘故。对于词儿，不但要知道它的解释，还要懂得它的情味。你在读文字的时候，如果不用这步工夫，那么你不但对于所读的文字不能十分了解，将来自己写起文字来也难免要犯用词不当的毛病。

上面所讲的是词儿的解释和情味两方面。关于词儿，另外还有一个方面值得注意，就是词儿在句子中的用法，这普通叫词性，是文法上的项目。我在前面曾经讲过，中国文字本身是一个个的方块字，一个词儿用作名词、动词、形容词、副词，有时候都可以的。譬如"上下"一个词儿，就有各种不同的用法，这里有几句句子："上下和睦"，"上下其手"，"张三李四成绩不相上下"，"上下房间都住满了人"。这几句句子里都有"上下"的词儿，可是文法上的词性各不相同。"上下"是两个单字合成的词儿尚且有这些变化，至于单字的词儿变化更多了。这些变化，在普通的辞典里是找不着的，你须得在读文字的时候随处留意。你已记得梅花兰花的"花"字了，如果在读文字的时候碰到花钱的"花"字，花言巧语的"花"字，或是眼睛昏花的"花"字，都应该记牢，如果再碰到别的用法的"花"字，也应该记牢，因为这些都是"花"字的用法。你如果只知道梅花兰花的"花"，不知道别的"花"，就不能算完全认识了"花"的一个词儿。

关于词儿，可说的方面还不少，上面所举出的三项，就是词儿的意义、情味，在句子中的用法，是比较重要的，学习的时候应该着眼在这些方面。

以下要讲到句子了。关于句子，第一所当着眼的是句子的样式。自古以来用文字写成的东西，不知有多少，即就诸君所读过的来说，也已很可观了。这些文字，虽然各不相同，若就一句句的句子看来，我认为样式是并不多的。我曾经有一个志愿，想把中国文字的句式来作归纳的统计，办法是取比较可作依据的书，文言文的如"四书""五经"，白话的如《红楼梦》《水浒》，句句地圈断、剪碎，按照形式相同的排比起来，譬如说"子曰""曾子曰""孟子曰"和"贾宝玉道""林黛玉道""武松道"归成一类，"不亦悦乎""不亦乐乎""不亦快哉"归成一类，"穆穆文王""赫赫泰山"、"区区这些礼物"归成一类，"烹而食之""顾而乐之""垂涕泣而道之"归成一类，这样归纳起来，据我推测，句子的种类是很有限的。确数不敢说，至多不会超过一百种的式样。诸君如不信，不妨去试试。读文字，听谈话，能够留心句式，找出若干有限的格式来，不但在理解上可以省却力气，而且在发表上也可以得到许多便利。诸君读文言传记，开端常会碰到"××，××人"或"××者××人也"吧，这是两个式样，如果有时候碰到"一丈，十尺"或"人者仁也"，不妨把它归纳起来当作一类的格式记在肚子里。诸君和朋友谈话，如果听到"天会下雨吧""我要着皮鞋了"，就把它归纳起来当作一类格式来记住。

　　这样把句子依了式样来归并，可以从繁复杂乱的文字里看出简单的方法来，在学习上是非常切实有用的。此外尚有一点要注意，句子的式样是就句子独立着的情形讲的。一篇文字由一句句的句子结合而成，句子和句子的关系并不简单。平常所认定的句子的式样，和别的辞句联在一处的时候，也许可以把性质全然变更。譬如说"山高水长"这句句式和"桃红柳绿"咧，"日暖风和"咧，是同样的。但如果就上面加成分上去，改为"先生之风山高水长"的时候，情形就不同了。光是从"山高水长"看来，高的是山，长的是水，至于在"先生之风山高水长"里面，高的不是山，是先生之风，长的不是水，也是先生之风，意思是说"先生之风像山一般地高，水一般地长"了。这种情形，日常语言里也常可碰到，譬如，"今天天气很好""我和你逛公园去吧"，这是两句独立完整的句子，如果联结起来，上一句就成了下一句的条件，资格不相等了。一句句子放在整篇的文字里和上文下文可以有种种的关系，连接的式样很多，方才所举的只不过一二个例子而已。读文字的时候对于每一句句子不但要单独地认识它，还要和上下文联结了认识它，自己写作文字的时候，对于每一句句子不但要单独地看来通得过，还要合着上下文看来通得过。尽有一些人，在读文字的时候，逐句懂得，而贯串起来倒不清楚，写出文字来，逐句看去似乎没有毛病，而连续下去却莫名其妙，这都是未曾把句子和句子的关系弄明白的缘故。

上面已讲过词儿和句子，以下再讲表现的方法。文字语言原是表现思想感情的工具，我们心里有一种意思或是感情，用文字写出来或口里讲出来，这就是表现。表现有各种各样的方法，同是一种意思或感情，可有许多表现的方式，同是一句话，可有各种各样的说法。譬如说"张三非常喜欢喝酒"，这话可以改变方式来说，例如"张三是个酒徒"咧，"张三是酒不离口"咧，"酒是张三的第二生命"咧，意思都差不多，此外不消说还可有许多的表现法。"晚上睡得着"一句话可以用作"安心"的表现；骂人"没用"，有时可以用"饭桶"来表现，有时可以用反对的说法，说他是"宝贝"或"能干"。意思只是一个，表现的方法却不止一个，在许多方法之中究竟哪一种好，这是要看情形怎样，无法预定的。读文字的时候最好能随时顾到，看作者所用的是哪一种表现法，用得有没有效果？自己写作文字，对于自己所想表现的意思，也须尽量考虑，选择最适当的表现法。

文字语言的一切技巧，可以说就是表现的技巧。写一件事情、一种东西或是一种感情，用什么文体来写，先写什么，后写什么，写得简单或是写得详细，诸如此类，都是表现技巧上的问题。所以值得大大地注意。

我在上面已就了词儿、句子、表现法三方面，分别说明应该注意的事情，这些都是文字的形式上应该着眼的。诸君学习文字，我觉得这些就是值得努力的地方。

末了，我劝诸君能够用些读的工夫。从前的读书人，学习文字唯一的方法就是读。自有学校教育以来，对于文字往往只用眼睛看，用口来读的人已不多了。其实读是很有效的方法，方才所举的关于词儿、句子、表现法等类的事项，大半是可在读的时候发见领略的。我认为诸君应该选择几篇可读的文字来反复熟读，白话文也可以用谈话或演说的调子来读。读的篇数不必多，材料要精，读的程度要到能背诵。读得熟了，才能发见本篇前后的照应，才能和别篇文字作种种的比较。因为文字读得会背诵以后，离开了书本可随时记起，就随时会有所发见，学习研究的机会也就愈多了。不但别人写的文字要读，自己写文字的时候也要读，从来名家都用过就草稿自读自改的苦功。

关于国文的学习，可讲的方面很多。时间有限，今天所讲的只是这些。我对于中学国文教学，曾发表过许多意见，有两部书，一部叫《文心》，一部叫《国文百八课》，都是我和叶圣陶先生合写的，诸君如未曾看到过，不妨参考参考。

"自学"和"自己教育"

（1937 年）

> 专力本业是当前献身的正轨，而别作研修是自
> 己长育的良法，二者兼顾，一个人才会终身处在发
> 展的程度之中。

我为了职务的关系，有机会读到各地青年的来信和文稿。这些文字坦白地表示着诸位青年的生活、经验、思想、情感。一位在中等学校里担任职务的教师，他所详细知道的只限于他那个学校里的学生。可是我，对于各地青年都有相当的接触。虽然彼此不曾见过面，不能说出谁高谁矮、谁胖谁瘦，然而我看见了诸位青年的内心，诸位期望着什么，烦愁着什么，我大略有点儿理会。比起学校里的教师来，我所理会的范围宽广得多了。这是我的厚幸。我不能辜负这种厚幸，愿意根据我所理会到的和诸位随便谈谈。

从一部分的来件中间，我知道有不少青年怀着将要失

学的忧惧，又有不少青年怀着已经失了学的愤慨。那些文字中间的悒郁的叙述，使人看了只好叹气。开学日子就在面前了，可是应缴的费用全没有着落，父亲或是母亲舍不得"功亏一篑"，青年自己当然更不愿意中途废学。于是在相对愁叹之外，不惜去找寻渺茫难必的希望，牺牲微薄仅存的财物。或者是走了几十里地，张家凑两块钱，李家借三块钱，合成一笔数目。或者是押了田地，当了衣服，情愿付出两三分四五分的高利，以便有面目去见学校里的会计员。在带了这笔可怜款项离开家庭的时候，父亲或是母亲往往说："这一学期算是勉强对付过去了，但是下一学期呢！"多么沉痛的话啊！至于连这样勉强对付办法都找不到的人家，青年当然只好就此躲在家里。想找一点事情做做，东碰不成，西碰不就。哪怕小商店的学徒，小工厂的练习生也行。然而小商店正在那里"招盘"，小工厂正在那里"裁员减薪"。于是每吃一餐饭，父亲叹着气，母亲皱着眉，青年自己更是绞肠刮肚似的难过，无论吃的是咸汤白饭，或是窝窝头，都是在吃父亲母亲的血汗呀！像上面所说那样的叙述，我看见的非常之多，文字好一点坏一点没有关系，总之宣露出现在青年的一段苦闷。

是谁使青年受到这样的苦闷呢？笼统地说，自然会指出"不良的社会"来。我们很容易想象一个理想的社会，在这个理想的社会里，受教育是一般人绝对的权利，不用花一个钱，甚至为着生活上必需的消费，公家还得给受教育者津贴一点钱。而现在的社会恰正相反，须要付得出钱才可以享受受教育的权利。那么给它加上一个"不良的"的形容词，的确不算冤枉。但是这样判定之后，苦闷并不能就此解除。理想的社会又不会在今天或是明天无条件地忽然实现。在现在的社会里，要受教育就得付钱，不然学校就将开不起来，这是事实。事实是一垛坚固的墙壁，谁碰上去，谁的额角上准会起一个大疙瘩。这就是说，如果付钱成为问题的话，那么上面所说的苦闷是不可避免的。你去请教无论什么人，总不会给你一个满意的答复，因为无论什么人的一两句话，不能够变更当前的事实。

不过要注意，上面所说的学和受教育乃是指在学校里边学，以受学校教育而言。这只是狭义的学，狭义的受教育。按照广义说起来，学和受教育是"终身以之"的事情，离开了学校还可以学，还可以受教育，而且必须再学，必须再受教育。威尔斯等在《生命之科学》一书里说得好："教育的目标是要使各个人成为善良的变通自在的艺人（因为环境在变迁，所以要变通自在），成为在那一般的规划中自觉能演一角的善良的公民，成为能发挥其全力的气象峥嵘、思虑周到、和蔼可亲的人格者。终其生都要有能受教育的适应性。旧式的那种阴晦的观念，以为人当在青年期之前把一切应该学的东西都学好，而以后只是用其所学，和多数的动物一样，那种观念是在从人的思想中消逝了。"可是我觉得，一班给"失学"两字威胁着而感到苦闷的青年还没有抛开那种阴晦的观念。住在学校里边叫作学，离开学校叫作"失学"，好像离开了学校，一切应该学的东西就无法学好了，其实哪里是这么一回事，所谓"自学"或是"自己教育"，非但是可能的，而且是必须的。即使住在学校里边，也不能只像一只张开着口的布袋，专等教师们把一切应该学的东西一样一样装进来，也必须应用自己的智慧和能力，思索这一样，练习那一样，才可以成为适应环境的"变通自在的艺人"。而思索这一样，练习那一样，就是"自学"或是"自己教育"呀。离开了学校，没有教师的指点，没有种种相当的设备，就方便上说自然差一点，然而有一个"自己"在这里，就是极大的凭借。

自己来学！自己来教育自己！只要永久努力，绝不懈怠，一切应该学的东西还是可以学得好好的。这样看起来，如果能把那种阴晦的观念抛开，建立"自学"或是"自己教育"的信念，那么遇到付钱成为问题的时候，固然不免苦闷，但是这决非顶大的苦闷。本来以为"就此完了"，所以认为顶大的苦闷。而在实际上，只要自己相信并不"就此完了"，那就不会"就此完了"，所以决非顶大的苦闷。

以上并不是勉强慰藉的话，而是对于学和受教育的一种正当观念。这种观念，无论在校不在校的人都是必需的。不过对于不在校的人尤其有用处，它能给你扫去障在面前的愁云惨雾，引导你走上自强不息的大路。

我知道有人要说：你不看见现在社会的实际情形吗？现在凡是新式的事业机关招收从业员，限定的资格起码要中学毕业生。工厂学徒哩，公司练习生哩，甚至大旅馆中同于仆役的"侍应生"哩，上海地方专以伴人游乐为事的"女向导员"哩，没有中学毕业程度的都够不上去应试。所以读不完中等学校，就等于被摈在从业的希望的门外。一般青年因为将要失学而忧惧，因为已经失了学而愤慨，缘由在此。一般父母宁愿忍受最大的牺牲，而不肯让儿女

"功亏一篑"，待要真个无法可想，那就流泪叹气，以为家庭的命运已经临到绝望的悬崖，缘由也在此。

这种实际情形，我也知道得很清楚。按照理想说，岂但新式的事业，最好是无论什么事业，从业员的资格都起码要中学毕业生，这样，事业上的效率一定会比现在大得多。不过到了这样情形的时候，进学校将纯是权利而不担什么义务了。现在进学校多少带一点"投资"的意味，既然担着付钱的义务，总希望将来能有连本带利的丰富的收获。我知道，这样想头不只是多数父母的见解，更有许多青年也在或明或暗地意识着。这并不足以嗤笑，在现在这样的社会里，自然要产生这样的想头。而照大家的眼光看来，要得到丰富的收获，惟有在新式事业中取得一个从业员的位置。同时，惟有新式事业需要有了相当的知识和训练的从业员，其他事业现在还没有这种需要。所以在新式的事业机关招收从业员的章程里，才有"资格——中学毕业生"这一条。所以每逢新式的事业机关招考的时候，前往投考的常常是那么拥挤，出乎主持人的意料之外。

但是有一点可以注意：在招收从业员的章程的资格项下，往往不单写着"中学毕业生"，而再附加着"或有同等程度者"这样的语句。这说明了什么呢？第一，从这上面可以看出现在学校教育并不能和新式事业完全相应。新式事业所需要的是干练适用的从业员，但是根据平时的经验，觉得拿得出毕业文凭来的不一定干练适用，所以宁愿把挑选的范围放宽，在"有同等程度者"中间也来挑选一下。第二，从这上边可以看出有了一张毕业文凭的，其被录取的机会并不特别多。他不但有同样有了一张毕业文凭的和他竞争，并且有"有同等程度者"和他竞争。这当儿，取得必胜之权的凭借不是一张文凭，而是货真价实的知识和训练。在"自学"或是"自己教育"上努力得愈多的人，他的被录取的机会也愈多。

就失学的人说来，这里就闪着一道希望的光。只管沉溺在苦闷之中，那惟有一直颓唐下去，结果把自己毁了完事。不如振作起来，在"自学"或是"自己教育"上努力。直到真个"有同等程度"的时候，直到真个有货真价实的知识和训练的时候，其并没有被摈在从业的希望的门外，不是和有了一张毕业文凭的人一样吗？

除了新式事业以外，还有许多的事业，如耕种，如贩卖，如小工艺的制作，细说起来，门类也就不少。这些事业，如果真没有办法参加进去做，我也说不出什么话。我不能从事实上没有办法之中说出办法来。但是，如果有一点办法可以参加进去的话，我以为这些事业都不妨做。在一些教训青年的书里，说到"择业"的时候往往有一套理论。事业要应合自己的兴趣哩，事业要发展自己的专长哩，还有其他的项目。其实这些都是好听的空话。一个人择业定要按照这许多项目，结果只好一辈子无业可做。事实上惟有碰到什么就做什么，只要那种事业不是害人的，例如当汉奸卖国，贩运毒品毒害人家。在碰到了一种事业的时候，你就专心一志去做，你能够抱着"自学"或是"自己教育"的信念，即使没兴趣的也会寻出兴趣来，即使不专长的也会练出专长来。同时你不必以此自限，这就是说，在你那事业所需要的知识和训练之外，更可以做其他的研修。这并不是游心外骛的意思。专力本业是当前献身的正轨，而别做研修是自己长育的良法，二者兼顾，一个人才会终身处在发展的程度之中。一朝研修有了相当的成就，而恰又碰到了另外一种事业可以应用这种成就的，你自然不妨放弃了从前的事业去做另外的事业。那时候你还是专心一志地做，和做从前的事业一样。请想想，如果所有从业的青年都像这样子，社会上的各种事业不将大大地改换面目，显出突飞猛进的气象吗？其时任何事业都像新式事业那样有着光明的前途，就从业员的收获说，也不至于会怎样不丰富。

　　以上的话，我以为不但对于给"失学"两字威胁着的青年有些用处，就是在校的或是从业的青年也可以从这里得到少许启示。诸位要相信，事实虽然是一垛坚固的墙壁，但在不超越事实的情形之下，觅取进展的途径，其权柄大部分还操在诸君自己的手里。能够"自学"或是"自己教育"的，在他前面等候着的往往不是苦闷而是成功！

陆费逵

就教育上说，

一面使一般国民均受义务教育；

一面把天才养成人才，

不使贫而智的向隔，

这才是真正平等呢！

敬告中等学生

（1918 年）

吾国学生，仅知读书，于此种知识不甚留意。驯至一出校门，茫然无所措手足，置身社会，多遭失败。究其原因，由于学问不足者，固亦有之，而大半均由于无常识也。

（一）中等学生之幸福及责任

中等学生云者，较小学学生高一级之谓也。其别有三：曰中学校学生；曰师范学校学生；曰甲、乙种实业学校学生。吾国教育，未臻发达，中等学校为数殊鲜。综计之，中学不过三四百，师范不过百余，甲、乙种实业学校，则仅七十余而已。平均每校二三百人，总计不足二十万。夫吾国人口四万万，青年子弟，当在四千万以上，而肄业于中等学校者，不足其二百分之一，岂不大可哀哉！而诸君竟出类拔萃，不为彼二百分之一百九十九，而为此之一分，其境遇之可喜，责任之重大，更何待言。吾愿诸君念此而自警惕也。

抑更有进者，中等学校学生，大率为中流以上之子弟。下焉者，虽天资、学力均可优为，而因经济之关系，势不能不望洋兴叹。卒业之后，在中学生，或进受高等教育，蔚为国家之栋梁，或出而应世，执中流以上之业务；在师范学生，则教育儿童，为将来国民之导师；在实业学生，则各就其所习专门之技术，从事实业。小之为一家糊口，大之殖国家之富力，较之未受中等教育者，相去奚啻霄壤。吾非谓未受中等教育者，不能具学识而膺上等职务也。特一则恃数载教育之力，一则恃多年奋斗之功，一则尽人皆可跂及，一则非才智毅力卓绝者，不克出人头地。其难易岂可言语形容哉！诸君得父兄庇荫，免为其难，仅恃数年肄业之力，遂能在社会上执中等以上之职务。其境遇之可喜，责任之重大，复何待言。吾愿诸君念此而自警惕也。

国家之成立，必有一种人为其中坚。吾国昔时之中坚在士，昔圣先贤之所立言，皆为士而发。政治上、社会上种种重要职务，皆为士所任。迨至晚近，政治上、社会上之事权，无一不在秀才、举人、进士、翰林之手。其非秀才、举人、进士、翰林者，尚须捐一监生以为进身之阶。僻小之县，一秀才、监生，均可顶戴辉煌，俨然绅士。其非焉者，虽巨富大贾，不能厕身于士夫之林也。新教育兴，旧制斯废。其为国家之中坚者，须具普通之学识能力。其具此能力者，以中等学生为最易而最多。他日国家社会，将以中等学生为之中坚，可断言也。嗟乎诸君，果如何方可自淑其身，而达此国家社会中坚之目的乎？

（二）人格之修养

立身社会之上，非有高尚之道德，康健之身体，则不能得社会之信用，耐心身之劳苦，而一事不能为，一业不能就，遑云国家社会之中坚哉。英吉利之教育，以养成人格为第一义，诚知所先务也。近年学校渐兴，教科亦有进步，然注意于灌输智能者多，注意于养成人格者少。殊不知，道德沦丧即使学贯天人，亦毫无价值。其才与学，不过以为济奸作伪之资料，害社会国家以害一己而已。况我国风俗，崇尚品行，文人无行，自古鄙之。言忠信，行笃敬，虽曰未学，亦可谓之学矣。故必智德兼全，始可谓之完人。苟不能者，宁德胜于智。盖德胜于智，尚不失为谨饬之流，虽不能膺大任，冀大发展，而谨守固有余也。若智胜于德，其不流于邪僻者鲜矣！且德本于天性，谨守而善充之，无人不可为君子。智识须视天资，其能不能，与夫造至何种地步，均有限制，非如德之身体力行，其权操诸一己之心性也。品性高尚，复尽己之力以求智识，则大成小成，均可立身。舍德而言智，德固失矣，智之成就与否，尚在不可知之列。即使其能成为上智，而根本既失，亦不足取。况学问之成，原于勤勉，而非中心有主，无愧屋漏，虽曰勤勉，亦有所不能哉。是德又为智之本矣。嗟乎诸君，学生之求学，固为求智识，然一经堕落，不惟为名教罪人，为社会不齿，即所欲求之学识，亦扫地尽矣。谓余不信，请诸君拭目以观。彼道德堕落之学生，学识迈人者有几？徒见个人身败名裂，家庭受其累，社会蒙其害而已。吾言至此，吾不禁为我青年前途危，尤为我国家社会前途悲也。

青年多病，论者或谓其由于功课之太重，勤勉之过度，以吾所闻，则均非是。质言之，青年之多病，均酒色二字为之。他种青年，非无溺于酒色者，然以劳力不劳心之故，其弊尚轻。若夫学生社会，平时既以酒色戕贼其身体，考试之时，复临渴掘井，深夜不眠，于是危及生命，或成废疾。即不尔者，亦复神志昏丧，考竣之后，学课随忘。嗟乎诸君，诸君幸有贤父兄，令其求学，复得种种机遇，以成其为中等学生，肩将来国家社会中坚之重任。而乃如此，试问子职何在，国家之义务又何在？即使诸君不知父母之劬劳，不知国家为何物，宁独不为一己计乎？道德高尚，心身泰然，可以立身，可以求学，可以康强，可以长寿。反是则为身败名裂，为学问荒疏，为疾病，为夭折。何去何从，何取何舍，三尺童子，亦知辨别，讵诸君而不知乎？吾敢决其不然也。然则诸君何以多数如是，曰其病根所在，不外贪一时之安乐，昵匪人之友朋而已。彼堕落之辈，当其为不道德之行为时，中心曷尝不知其为非，曷尝不受良心之裁判。而泚盈于颡，其所以终致堕落者，则一时不能自制其欲念，与夫匪友之怂恿而已。余敢敬为诸君告曰，诸君苟欲不堕落，必须时时制止其欲念，交益友而远损友。如道德之心尚不能完全制止其欲念，则运动以劳其筋骨，冷水浴以清其脑筋，固其体肤，不阅无益之书，不临非礼之地。苟能如是，吾可决其必不堕落。不惟不堕落，且可决其能成大器也。诸君勉乎哉！

（三）常识之涵养

中等学生，果需如何之学问乎？实今日众议纷纭、莫衷一是之问题也，吾不暇细加讨论。且法令、校章俱在，主校事者循而行之，学生循而受之，即有论列，亦非学生所能自主也。吾今所欲言者，即中等学生常识如何涵养而已。

常识之重要，近世学者，类能言之。大别为二：曰自然界之常识，曰人事界之常识。日月地之运行，风云雷雨之变化，动植矿之形态，人体生理之组织，均自然界之常识也。古代无此种智识，故孔子曰："迅雷疾风必变。"以及日月蚀之救护，旱潦之祈祷，乡村愚民更淫祀以求福，数千年来率行不悟。而科举时代之极弊，驯至子弟不辨菽麦，遑云其他。此非无自然界常识之铁证乎？友朋社会之交际，婚丧葬祭之礼仪，物价之高低，舟车之交通，议员如何选举，租税如何完纳，书札如何缮写，邮电如何寄发，均人事界之常识也。吾国学生，仅知读书，于此种知识不甚留意。驯至一出校门，茫然无所措手足，置身社会，多遭失败。究其原因，由于学问不足者，固亦有之，而大半均由于无常识也。

常识与学问，似同而实不同。涵养常识与研究学问，更似同而实不同。今举例以明之。作出拟电之文字，出于学问者也。其格式称谓，以及措词之轻重，寄发之手续，则仅恃学问必不能行，非有常识不可矣。换言之，学问之为物，偏于理论或技术。常识之为物，偏于实际及应用者也。惟其如是，故学问可通于环球，常识必切于本国。惟其如是，故学问可求之异邦，常识必求之本国。非然者，学问即高，其如不适何！（童年留学外洋，归国恒不适用者，即此故也。）

涵养常识，随在皆可为之，殊无一定之方法。吾今略举数端，不过助诸君入手而已。

（一）多阅书报也。寻常阅书，固可助学问之研究，然其对于养成常识之价值，实高于学问方面。所阅之书，如科学小册子、文学丛书及处世修养、传记、游记、笔记等，均极有裨益。日用文件尺牍等，为应世第一武器，尤不可忽。杂志、日报应选阅二三种，须自首至尾，悉心读之，即广告亦不可忽。尤当注意者为杂志之论文及日报之长篇记事。不可仅阅电报、杂记及有趣文字。（电报取其迅速，已入世者，最应注意。学生以明事之首尾为贵，故长篇记事，最为重要。）

（二）多游历而注意观察也。知识之养成，多由耳目输入。然百闻不如一见，目之效用，实远过于耳。观书用目，尚为间接，不如直接观察之有益。最好三五同学出外游历，始而本城镇，渐及乡村，渐及地方。沿途所见事物，留心观察，归而记之，或加以批评。记毕，彼此交换阅看，以见各人所见之深浅，批评之当否。此举于自然界、人事界均有大效。苟能行以岁月，将来入世，自无扞格之虞矣。

（三）留意师长及名人之谈话也。此举亦极有效，但须辨别其是非，明了其用意。如系有为而发者，尤须研究其原因。

（四）多赴讲演会、游艺会也。此举有三益：听名人之讲演，观他人之成绩，可以裨我见闻，一也；见他人交际情形，可以研究交际之道，二也；可多得朋友，且可多见名人学者，三也。

此外方法，不胜枚举，要在自己留意而已。吾见中等学生多矣，即吾局职员、学习员中，出身于中等学校者，亦非少数。其最多数之缺点，不在学问之不足，而在常识之不完，即吾国旧日所谓阅历太浅也。然阅历之深浅，视历事之多少。其一方面增进经验，一方面增进常识。然非先有常识，则经验决不如有常识者之精深。何如于学生时代，涵养充足，他日出而问世，既可以减少失败，且可于同一时日之中，得深于他人之经验。是予所厚望于诸君者也。

教育上一个大问题

（1922 年）

就教育上说，一面使一般国民均受义务教育；一面把天才养成人才，不使贫而智的向隅，这才是真正平等呢！

现行的学校制度和拟议的新学制，在普通教育上都有一种共同的缺点，就是以中人为受教育之标准。上智下愚，应该如何？却没有办法。

以财力为受教育之标准，富而愚或尚有侥幸的希望；贫而智却只好望洋兴叹了。

我们应该知道：人的智愚，相差很远，聪明人一年的进步，笨人三年五年还赶不上。什么四三四制、六三三制、六二四制……要叫上智、中材、下愚受同一之教育，试问行与不行？不说别的，就是同一父母的兄弟，恐怕也不能有同一的进步。

我们应该知道：贫民尽有聪明的子弟，出身贫困的人物，实在比富家更多。现在的学校收费虽少，却不过便宜了小康以上的人家，真正贫穷的人还是没有力量读书。反不如从前书院制度，寒士靠着膏火还有上进的希望，出几个贫民的科甲，布衣的卿相。

我们应该知道：教育平等，是要无论贫富有同受教育的机会；不是压抑上智，捉弄下愚，使和中庸的人平等。如果以此为平等，他的结果一定是下愚仍就下愚，却把上智牺牲了。

我们应该知道：无论国和家都是靠人才振兴的。倘若全是庸人，成了一个饭桶世界，那个国家还可问吗？

我们应该知道：近来欧美、日本都在那里研究天才教育，劣等儿教育……这与我们古代因材施教的学说若合符节。德国、法国中学和小学平行，也是这个意思。人之才不才，和木料的材不材一样。倘若大匠造屋，把梁柱、椽子、门窗、地板用一样的木料，岂不是大笑话吗？

平心论之：公众教育，要他一点不牺牲，一点不勉强，那是办不到的。不过我们应该：

使富人多出点学费！

使贫人得读书的机会！

使中材以下的子弟受相当的教育！

使中材以上的子弟得优良的进步！

有人主张国民教育应该一律平等，不分阶级。又有人主张义务教育只求普及，不妨简陋。我以为这两种主张都不甚相宜。你要他一律平等，财力不及的人只好不受教育；不屑与贫愚为伍的人，不是自己家里请先生，就是进教会学校或带点特别色彩的学校（如北高、南高附属及几个南洋公学附属等）。义务教育应该普及，谁也不能否定。不过任他简陋，把优秀儿童埋没在不良教师和简陋设备的里面，试问应该不应该？况且现在的才和财，虽然不能将义务教育完全办好，但是每县办一所乃至十余所完备的小学，那是做得到的。

我就我的理想，把小学校办法拟一草案如下。

小学校分模范小学、义务小学两种。

义务小学不收学费，设备不妨简单，教员只求有高小卒业程度。修学期二年、三年、四年。

模范小学收较巨之学费，但对于无力者得免半费或免全费。设备须完善，教员须师范毕业或曾受检定者。修学期前期四年，后期二年，并得设一年之补修科。

义务小学三年或四年修毕者，得受试验，入模范小学之三年级或四年级（假定义务小学成绩比模范小学差一年）。试验科目为写、读、算术及智力测验。如试验结果，认为天才儿童而十分贫困者，不但免学费，并给以相当之供给（如书籍纸笔费、膳宿费等）。

各县应该筹一笔天才教育费，专补助贫苦之天才子弟，从小学后期起，至中学、大学止。补助的条件：一、真正贫苦；二、看他贫苦的程度，补助一部分或全部分；三、智力测验和学校成绩，都要优等；四、某年或某二年成绩在中等以下时，得酌量停止补助；五、毕业后就职所入，当以十分之二提充天才教育费。

写到这里，戴君懋哉看了一遍，说道："你这主张好是好，不过我有三种怀疑。第一，义务教育，任他简单，将来怎么得了。第二，多数有钱的子弟和少数贫苦的天才，得受完备教育，其余任他简陋，岂不是好的愈好，不好的愈不好吗？第三，天才教育补助费，恐怕被有势力非贫苦的人占去，贫苦的天才仍旧得不着。"我回答道："义务教育如果真要普及，全国的学生数当在七八千万人，教员要一二百万，经费大约在四万万元至八万万元之间。试问有何办法？别样姑且不讲，单教员一项，现在全国的师范学校不过二三百处，每年毕业的人决不满万。如要养成百万以上的教员，真真是'俟河之清'了。每年高小毕业的人，大约在二十万以上，许他任教员，那就容易办了。况且高小毕业生比师范毕业生薪水也可减少大半。我明知道这个办法不好，但是照现在情形，财与才两方面，都非此不可。与其财才困难不能普及，不如因陋就简，使下等社会之儿童可以识些字，学点加减乘除，到底好得多呢！将来教育进步，渐渐地提高程度，严加取缔，希望百十年后，义务小学都变成了模范，岂不很好吗？现在世界各国除瑞士等文化最高之小邦，没有一国不是觉着教员不够的。英国的小学，初级就是用高级学生任助教，要任过助教的才能入师范学校。至于小学分模范、义务两种，并非我有意分阶级，倘若地方经费充足，儿童天资相差不远，何必多此一举。不过依我所见，每县办少数的模范小学，财与才还可勉强。有了几处好的学校，其余学校也可以有所观感。国民平等，只在机会上面，决不能强使智愚平等。就教育上说，一面使一般国民均受义务教育；一面把天才养成人才，不使贫而智的向隅，这才是真正平等呢！我们要把贫而愚的人民变成富而智，只有给他受好的教育。但是混在一起，智的被愚的带累，牺牲实在太大。你以为小学分阶级，好的愈好，坏的愈坏；我以为分开之后，方能'披沙拣金'，陆续把好的拔出，愈拔愈多，岂不是渐渐地都可变好吗？至于天才教育费，是不是要被有势力的占去，那是另一问题。倘若地方办学者，连这一点良心都没有，我们只好不谈教育了。"

我写这篇时，天气怪热，又常常被他事阻扰，写写停停，不能有什么精彩，还请阅者原谅！教育界诸君如愿讨论这个问题，或则试办试办，那是我所希望的。

任 鸿 隽

一个学校所能给与学生最大的环境影响，

莫过先生的学问与人格，

其余的都可以说是次要。

什么是好的师范教育

（1932 年）

改革教育，似乎是现今政府很想尝试的一种事业。在三四个月前，有陈果夫先生在中政会里的改革教育的提议，有教育部改革北平各大学的计划，最近又有取消师范大学的传说。我们虽不知道这些计划或动议实行的可能性怎样，但至少我们晓得在政府当局的脑筋中，曾经有过这样一番拟议。陈果夫先生的改革教育方案和教育部的改革北平各大学计划，已成过眼的云烟了，改革师范教育的事件，则正为教育界所注意，闹得甚嚣尘上。我们因为这个问题的重要，甚愿以局外的观察，贡献一点旁观的意见。

这个问题所以在今日引起这样多的注意，除了师范教育的本身外，至少还有历史经过和地方环境的关系。就历史方面说，在民国初年，全国本有六个师范教育区，设立了六个高等师范学校。至民国十年学制改革以后，这六个高等师范，都渐渐地合并到当地的大学里面去了（沈阳高师归入东北大学，南京高师归入东南大学，广州高师归入广东大学，武昌高师归入武汉大学，成都高师归入四川大学），仅留下一个北京高师的后身——北平师范大学，成所谓仅存的硕果。所以现在谈到改革师范教育，同时不能不想到这个硕果仅存的师范大学，不过是历史演进的继续和学制改革的尾声。

说到地方环境，我们不要忘记了北平是国立大学最多的所在。近年来，虽然经过了相当的裁减合并，但除了城外的清华大学外，城内还有北京、北平及北平师范三个国立大学。这在教育不发达和教育经费常闹饥荒的中国，不能不说是一种奇异的现象。记得一年前国联派来教育调查团在北平调查的时候，他们对于这个现象，曾经表示怀疑。最近我同新由德国来北平的某教授谈到大学问题，他也说在德国没有一个城里有三四个国立大学的办法。也许因为我们大学的程度幼稚，三四个大学，敌不上他们一个的质和量；然唯其如是，愈不能不有斟酌损益，使全个的组织近于合理化的必要。因此在这个改革教育的呼声里，这个硕果仅存的师范大学，时时感觉岌岌不能自存的危险。

除了这两点之外，最主要的自然还是那根本问题，那便是，师范教育的本身，是否必须要一个特殊的大学来实施与进行。换一句话，现今师范大学所施行的训练及研究，是否可由普通大学来代替。因为这个问题的重要，所以师范大学的三十八教授联名具呈教育部，力争变更师大学制，即根据此点，陈述五大理由。他们说：（一）中学师资，非受师大之专业训练，不能胜任也；（二）教师之教师，尤非受师大之专业练训，不能胜任也；（三）师大之课程，与普通大学之程度相当而性质全异也；（四）师大之环境，又与普通大学之环境不同，不能以大学之教育学系代替之也；（五）师范年限亦应延长，不能缩短，大学毕业而仅受一年或二年之师范训练，定感不足也（见本月十日北平各报）。这些话，说来似乎都有相当理由，但细按之，没有一个理由可以说是十分确定不易，因其所谓"专业"，所谓"性质""环境"，皆不免失之于笼统，不容易得一个明确的观念的原故。

我们以为要讨论这个问题，应从师范教育的内容入手。所谓师范教育的内容，依我们想来，应该包含以下三方面。一是知识的本身，如外国语、国文、算学、物理、化学等等，这是所以为教的。一是技术的训练，如某科的教授法，某种教材的选择运用等等，这是所以行教的。一是教育学的研究，如教育心理学、儿童心理学、教育社会学等等，这是教授法、教材选择等等问题的出发点，应该成为少数学者的专业，普通做教师的人，自然不能不有相当的了解，但不能作为一种普通的训练。要是我们这个分析还不十分错误的话，我们可以看看，什么是普通大学所能做的，什么不是普通大学所能做的。

第一，知识的本身。我们实在看不出普通大学的物理、化学，或英文、算术，和师范大学的物理、化学、英文、算术，有什么性质上根本不同的地方。要说普通大学务"博"而师范大学务"专"吗？我不晓得所谓"专"的意义是怎么样。若所谓"专"是指单简而言，这是一个规模的问题，普通大学的"博"正不害于师范大学的"专"。若所谓"专"是指高深而言，这是一个程度的问题，不但师范大学要"专"，普通大学也必须要"专"。所以拿"专"与"博,来分师范和普通大学的课程性质是不对的。

我们以为目下国内大学的大病，正在没有做到"专"的一个字。我此处所谓"专"自然是指高深的"专"，而非指那单简的"专"。高深的"专"，我们要假定他对于基本的功课，有彻底的了解与确实的训练。对于专门的功课，曾做过广博的搜讨与独立的研究。这与所谓"课程的系统化、常识化，精攻不令偏枯，深入方能浅出"根本有点不同。我们以为一种学问，无论是自修也好，教人也好，必定要有心得，有源头，方能取之不尽、用之不竭。如单靠了口耳分寸，展转传述，自修固不能有成，教人尤不易发生信仰。拿任何一种科学作例，必须自己作过一点独立的研究，然后对于科学的原理和精神，有一个深切的了解，教起书来，自然头头是道，能引起学生的兴趣。在文学一方面，亦莫不然。除非自己能读能做，是不易得到学生的信仰、指导学生的途径的。所以我们以为目下大学的教育，既然同是向专的方向走，那么，他们对于知识本身的目的，可以说是一致的，更不必有什么普通大学、师范大学的分别。

第二，技术的训练。技术的训练，自然要有特殊的环境，不过环境还应该加以分析。我们以为一个学校所能给与学生最大的环境影响，莫过先生的学问与人格，其余的都可以说是次要。就师范教育说，一个善于教学的先生，他自己教学的方法，就是一个活的榜样。从他受教的人，当然在不知不觉中，得到许多好的教授方法，这岂不比读几本教授法的书强得多吗？又如要养成学生读书用功的习惯，必须有好学不厌诲人不倦的先生。所以我们以为若是教学技术的养成，有待于环境的影响，那么，先生的良否实为造成环境的最大关键。说到此处，我们又觉得这个问题，不是普通大学或师范大学的分别问题，而是某大学的教授是否良好的问题。除此之外，所谓环境问题，大概尚有实验学校的一件事。可是据我们所知，凡从前高师或现今师大所办的附属实验学校，不到几年都渐渐地宣告独立。研究教育的先生们，既然无法过问，学生们要去实习，简直同到外面不相干的学校一样的不受欢迎。所以有的附属学校，尽管办的成绩甚好，但与其称之为实验学校，不如称之为模范学校之为确切。无论如何，他对于教学技术的养成是不发生多大影响的。

第三，教育学的研究。从人性发展的方面说，从社会影响的方面说，教育学都有蔚成专科的可能，所以我们对于教育的科学的研究，认为是应该而且必要的。不过就人性研究说，教育学只是心理学的一种应用；就社会的关系说，教育学又是社会学的一个旁支。在合理的编制上，当然须与纯粹心理学及普通社会学合在一起最能得到研究上的便利。可是我们所不明白的，有的大学竟把心理学分成两组，在理学院有纯粹的心理学，在教育学院有教育的心理学。这不但是重床叠架，于经费上很不经济，恐怕于研究上也很不便利吧。在这种情形之下我们若是不愿听其自然，则应裁并教育心理学以就纯粹的心理学，不应裁并纯粹心理学以就教育心理学，当然是一定不易的道理，即小喻大，教育学在普通大学中研究，不比在师范大学中研究吃亏，似乎是可以断言的。

从上面所说的种种方面看来，我们得到一个共同的结论，那便是，凡现今师范大学所施行的训练与研究，无不可拿普通大学来代替。自然，我们所谓拿普通大学来代替，并不是说普通大学的功课，即等于师范大学的功课，而要经过相当的斟酌损益，方能适合于师范教育。不过，以现在国内较好的普通大学，和现在唯一的师范大学相提并论，而说师范大学所能授的功课、所能给的训练，普通大学不能授、不能给，设非别有成见，恐无人下此定论。即就延长师范教育的年限而论，与其行之于师范大学，不如行之于普通大学。因为在原则上，师范教育，既可以在普通大学中进行，则其教育的效率，当然须以其设备程度的高下为标准。设备好、程度高的自然可以事半而功倍，反之，则徒劳而无功，这也是事实的显而易见的。

末了，还有一层，我们要希望大家注意的，便是所谓历史的观念。旭生先生在他的《教育罪言》中说的好："这样不合理的事项，如果想有所改正裁并，那就要群起大哄，说我们学校有特别的历史。……殊不知……历史就是现实的自身，它本身就是不完备的、恶的。无论怎么样好的组织制度，如果贪恋着它，它一定要渐渐的变成一文不值的空壳子，以至于社会进化的障碍。"这个话是完全对的。我们看见近来一班中学程度的退化（这是近年大学入学试验所指示的）和小学教法的不好（这是我们一般有小孩的人所同感的），不能不对于这些教师及教师的教师的训练起了疑惑。我们以为师范教育确有大大的改革整顿的必要。我们上面所说的，都是就原则上立论，至于实际改革，应该如何着手，那是另外一个问题了。

梅贻琦

清华大学之教育方针，
概括言之，
可谓为造就专门人才，
以供社会建设之用。

清华学校的教育方针

（1927 年）

清华学校自民国前一年开办以来，至民国十四年夏间，系专为预备学生留美而设，至是年秋，始设大学部，其教育方针为之一变。在专办预备留美时期，校内之问题简单，学程要以使学生程度适合于美国大学制度为准。今该部学生尚有两班，不久将行结束。大学部开办于今，二年有半，事属初创，计划多未周备，然将来尽全校之力以谋发展，则数年之后，或将有所贡献于社会。兹将清华设立大学部之方针，约略述之，以为关心清华者鉴察焉。

清华大学之教育方针：清华大学之教育方针，概括言之，可谓为造就专门人才，以供社会建设之用。此目的无异于其他大学。但各校因处境之不同，或主张有别，则其所取途径亦自各异。清华之设大学，其一切计划，亦以应时代与环境之需要，以求达此目的而已。

学系之设立：就社会之需要言，各科人才，当皆为重要，但各系有为他校所已办，而成绩优良无须更设者；有因科门之性质不宜设立于清华者；亦有因一时设备难周须逐渐开办者，故本校现定有十系之专修学程。此十系计为国文学系、西文学系、历史学系、政治学系、经济学系、物理学系、化学系、生物学系、教育心理学系、工程学系。十系之属于普通所谓文理科者，为前列之八系；其属于职工专修者，则有教育与工程二系。盖其他各系暂时未能设立之原因，不外以上所述之一，然商业系附于经济系，心理则与教育合组，至农业之不设专修学程者，因近查农业大学及专门学校之毕业生，多不适于改良农事之工作，使供与求不能洽合，故农系暂不设专修学程而致力于农业问题之研究。今年夏间与中华平民教育促进会商定加入定县华北农业科学试验场之工作，近且于邻近一二校，商量合办农业简易科，庶将来学生于毕业时，能各归乡里，实做改良农田之事业，此皆变更常规之处，求所以应社会之需要也。

工程系学科之组织，亦有与外间不同者。盖今日社会上所需要之工程人才，不贵乎专技之长，而以普通基本的工程训练为最有用。是以本校设立工程系之始，即以此为原则。凡工程学之基本知识，或属于机械，或关乎电理，或为土木建筑之要义，使学生皆得有确切的了解，及运用之能力，俾将来在社会遇凡关工程问题，皆能有相当的应付；且工程事业往往一事关系数门，非简单属于某一门者，在今日中国之工商界中，能邀致数专家以经业一事者甚少，大多数则只聘一工程师而望其无所不能。斯故本校之工程学程中，认普通之基本训练较若干繁细之专门研究为重要也。

学程之规定：清华大学学程为期四年，其第一年专用于文字工具之预备及自然科学与社会科学之普通训练，其目的在使学生勿囿于一途，而得旁涉他门，以见知识之为物，原系综合联贯的，吾人虽强为划分，然其在理想上相关连相辅助之处，凡曾受大学教育者不可不知也。学生自第二年以后，得选定专修学系以从事于专门之研究，然各系规定课程，多不取严格的限制，在每专系必修课程之外，多予学生时间，使与教授商酌，得因其性之所近，业之所涉，以旁习他系之科目。盖求学固贵乎专精，然而狭隘之弊与宽泛同，故不可不防。

毕业考试：专修学程四年修毕矣，所得学分足数矣，然而学生对于其所专专修之学科是否已有系统的了解，贯彻的领悟，而能用其所学以应社会之需要，是不可不预为之测验。故各系学生于毕业之前，须受该系之毕业考试，考试及格，方为毕业，不然，虽已得限定之学分，只能认为已修毕某某课程若干门，而于某系之专门学识，非实有所得也。此法在英国及欧陆各国，行之已久；美国大学，近七八年来，渐多采用，以补救选课制之弊。中国行此制者尚少，在清华试行之初，办法与范围，尚须详慎拟定。总之，其目的非欲使其考者多经此一番烦恼，实欲借师生之合作，以达此目标，庶知诸生所学较有把握耳。

　　体育：清华大学学程中尚有重要之一部，是为体育。凡在校诸生，每学期皆为必修，学分固不算在学分总数之内，然非体育及格者，不得与毕业考试。盖清华自近七八年以来，已舍其选手锦标之目的，而注意于各个学生之健康。观一二球队比赛之胜负，因无以知一般学生体育之如何，故必使在校各个学生，皆得受相当之训练，使其体力增长，能应将来做事之需要，而毋为心知之累，斯为体育之真目的，斯为在校学生人人必须注意之工作。至于选手比赛，所以使队员练习团体的合作守法的习惯，亦自有其价值在，然校际竞赛，往往过注意于结果之胜负，而忽视此竞赛之重要意义，乃使参加者与旁观者所受之训练，竟害多而利少，故今日学校体育之大目的，当在彼不在此也。

此外，如大学院之设立，及留美公开考试之举行，皆为清华大学发展之重要部分，将来当量度情形，逐渐进行。至详细规划，尚有待于当局之审定，兹篇不多及也。

陶 行 知

好教育者，

应当具有灵敏的手去抓机会，

并且要带千里镜去找机会，

机会找着了，

就要用手去抓住彼——不断地抓住彼，

还要尽力地发展彼

教育者的机会与责任

（1922 年）

> 教育者应当知道教育是无名无利且没有尊荣的
> 事。教育者所得的机会，纯系服务的机会，贡献的
> 机会，而无丝毫名利尊荣之可言。

今天我讲题是教育者之机会与责任，但是今天到会的，
除教育者外，又有受教育的学生，提倡教育的办学者。我
这题目，和上面种种人有什么关系呢？我想，学生对于教
育发生的影响，自己首当其冲，自然要去看看教育者是否
已经利用他的机会，尽了他的责任。办学者是督察教育者
的人，更有急需了解教育者的机会与责任的必要。所以我
这演讲，实在是以上三种人都应当注意的。

先从机会方面讲。教育者应当知道教育是无名无利且
没有尊荣的事。教育者所得的机会，纯系服务的机会，贡
献的机会，而无丝毫名利尊荣之可言。他的机会，可分四种：

（一）有可教之人；

（二）可教者而未能完全教；

（三）可教者而未能平均教；

（四）已受教而未能教好。

以上四种，都是予教育者以实施教育的机会。且先就第一种讲：

第一种是因为社会上有许多可教之人，所以教育者才能实行他的教育，倘若无人可教，则教育者就失其机会而无用武之地了。孔子曰："生而知之者上也。"美国某哲学家，对于他这句话很有怀疑，他反驳孔子说："生而知之者下也。"可是他的话确乎也有根据，譬如最下等的动物——细胞，彼从母体脱离后，凡彼母亲会做的事，彼都会做。再推到小牛，彼虽然不似细胞那样快，但是不用隔多时，举凡彼母亲的事，彼也会做了。小猴子却又不同，彼有几个月要在彼母亲的怀里，因为彼又是较高于小牛的动物。人又不然了，人在小孩子的时期，最早要候二三年后，始能行动，后来又慢慢由幼稚园——至于大学，去学他的技能，以做他父亲会做的事。总之，幼稚时间长，所以可教；教育者的机会，也是因为有可教的小孩子啊！

第二种是说可教的人没有完全受教。如中国有四万万之众，照现在统计表计算，只有五百四十万个学生，换言之，只有一百分之一点五是学生；一百人之中，能受教育的只有一个半人。这一百分之九十八点五的不能受教育者，都打着我们教育者的门，并且告诉我们说："现在是你们的机会到了，有一个人不入学校，就是你们还没有实行你们的机会。"

第三种是就受教的人说的。中国现在受教有三桩不平均的地方：（1）女子教育；（2）乡村教育；（3）老人教育。

第一桩，女子教育在中国最不注重。中国全国，有一千三百余县没有女子高等小学；又有五百余县没有一个女学生。若照百分法计算起来，男学生占学生中百分之九十五，女子却只占百分之五；以家庭论，一百个家庭，只有五个是男女同受教育——好家庭了。所以为家庭幸福计，男女都应受同等的教育。女子教育的重要有三：

甲、女子同为人类，自应有知识技能，去谋独立生活。譬如四万万根柱子擎着大厦，设若有二万万根是腐朽——不能用的木材，则此大厦必将倾倒，这是很明显的例子。——所以女子必须受教育，去共同担负社会的责任。

乙、女子富于感化性，能将坏的男子变好，并且可以溶化男子的性情与人格。诸位不信，请看看你们的亲友，定可得着个很显著的证明——所以欲使男子不致堕落，非从女子教育着手不可。

丙、女子受教育，必定十分顾及她子女的教育，不似男子的敷衍疏忽。——所以普及女子教育，不但可以收家庭教育的好果，并且可以巩固子孙的教育啦！

第二桩，不平均是城乡学校的相差，城里学校林立，乡下一个学校都没有。以赋税论，乡下人出钱，比城里人多些；他们的代价，至少也应当和城里平均，才是公允的办法。故乡村教育，应为教育者所注意。

第三桩，是小孩子可以受教育，而老年人则无受教育之机会。一班教育者，也只顾及小孩子的教育，对于老年人很少加以注意，这也是件不平均的事。中国现在内外交劈，社会多故，如若候着那班小孩子去改造，非待二三十年后不能奏效。所以欲免除目前的危险，必须兼顾着老幼的教育。

许多女子，乡村人，老年人，都打着我们教育者的门，如求雨一般的哀求我们放他们进来。这也是我们的机会到了！

第四种机会，是因为小孩子虽然受教，但是没有教好。如已教好，我们教育者又无机会了。没有教好者，可以分四层讲：

甲、人为物质环境中的人，好教育必定可以给学生以能力，使他为物质环境中的主宰，去号召环境。如玻璃窗就是我们对于物质环境发展的使命之一。我们要想拒绝风，欢迎日光，所以就造一个玻璃窗子去施行我们拒风迎光的使命，教讨厌的风出去，可爱的日光进来。又如我们喜欢日光和风，但是想拒绝蚊蝇，所以又造了一种纱窗去行我们的使命。这种使命，并非空谈，因为我们有能力确可使这些自然的环境，听我们调度。故学校应给学生使命环境的能力，去作环境的主宰。以上不过是表明人对付环境的两个例子。

水也是自然环境之一，但是不能对付彼，常常为彼所戕杀。如去年门罗博士到苏州参观教育，同行有四位女学士。过桥的时候，女学士的车子忽然翻落桥底；当时船家和兵士都束手无策，等到想法捞起，已经死了一个。我们从这件事，得着一个教训，就是"学生、船夫、兵士都不会下水"，以致人为自然环境的"水"所杀。

人在青年时发育最快。身体的发育，犹如商人获利一样。可是商人获利是最危险的事，偶一不慎，当悖出如其所入。我们青年生长时，亦有危险，学校讲求体育，应问此种体育是否增加学生的体健，使他们不致有种种不测之事发生？

这种学生的父兄，也带了他瘦且弱的子弟，打我们教育者的门，厉声问我们教的是什么教育？

乙、人不但是物质环境中之一人，也是人中之一人。人有团体，有个人，在这团体和个人中，便发生相对的关系。此种关系，应互相联络，以发展人性之美感。在此阶级制度破产时，我们绝不承认社会上还有什么"人上人""人下人"，但是"人中人"我们是逃不掉的。我们既然都是人中之一人，那么，人与人自然会有相互的关系了。这种关系，能否高尚优美，尚属疑问。且就现在的选举说吧，被选人手里执着些洋钱，选举人手里执着一张票，他们所发生的关系，是洋钱的关系，选举的关系罢了！这种关系，能合乎高尚的条件吗？

再看留学生的选举如何。记得从前中央学会选举时，自称为博士、硕士的留学生，不也是一样的舞弊吗？其他如大学毕业生、中学毕业生以及未毕业的中学生，他们又是怎样？他们为什么拿着清高的人格，去结交金钱、去结交政客、做金钱的奴隶、做政客的走狗？这样的学生，对得起国家社会吗？对得起父母吗？对得起自己的人格吗？

国家、社会、父母，都带着他的子孙，打我们教育者的门，骂我们为何太不认真，以致教出这种子弟！

丙、好教育应当给学生一种技能，使他可以贡献社会。换言之，好教育是养成学生技能的教育，使学生可以独立生活。譬如社会上的农夫、裁缝、商人、工人、教员……他们都有贡献社会的技能，他们各人贡献他们所做的事，可以使社会得着许多便利。倘若有一个人没有能力，则此人必分大家的利，而造成社会的恐慌了！所以教育的成绩，就是"技能"；教育就是"技能教育"。——且拿现在的师范生做个譬喻：现在师范毕业学生只有十分之八可以服务，十分之一可以升学，其余的十分之一，却做了高等游民了。再看中学毕业生，也只有三分之一可以服务，三分之一可以升学，其余三分之一，也就做了游民了！但是他们虽然不能服务，倒不惯受着清闲的日子，反做出许多不正当的事业，实在危险啊！

这种游民式学生的父兄，也打着我们教育者的门，问我们何以教出这种不会做正当事的子弟？并且教我们重新改过课程，使毕业的学生皆可独立。

丁、人不能没有休息，但休息是人最险之时。人无论怎样忙，都没有损害，倘若休息，则魔鬼立至。我们可以看出社会上许多恶事，都是在休息时候做的。所以学校里有音乐，便是给学生以正当的娱乐，使学生不致在休息时间做出恶事。可是学生回到家里，既无教员同学和他盘桓，又没有经济设置音乐去助他的娱乐，难免不发生其他的事来。所以学校应当使学生在休息时有正当的愉快。

这又是我们教育者的机会了！

总之，以上皆是我们教育者的机会。平常人对于机会怎样对待呢？大约可以看出四种情形来：

（A）候机会　有一班教育者天天骂机会不来，好像穷妇人想发财一样，但是机会不是观望的，所以等着机会是极愚拙的事，可以料定永远不会收着成效的。

（B）失机会　又有一班教育者，他明明看见机会来了，等到用手去捉彼，彼又跑掉了。如此一次，二次，三次……

仍旧不能得着机会。因为机会生在转得极快的圆盘子上，倘如没有极敏捷的手去提彼，总会失败的。

（C）看不见机会　机会是极微细的东西，有时且要用显微镜和望远镜去找彼。一班近视眼的教育者，若不利用那两种镜子，是很难看见机会的。

（D）空想机会　还有些教育者，机会没有来，到处自炫，就像得着机会一样。犹如两个近视眼比看匾，在匾没挂起来的时候，都去用手摸了匾。后来共请一位公证人去批评，他们各人述了自己的心得，公证人忍不住笑了，因为这匾还没有挂上，他们都是"未见空言"咧！

这类"未见空言"的教育者，他们一味的空想，结果总没有机会去枉顾他一次。

现在再谈谈好的教育者。我以为好教育者，应当具有灵敏的手去抓机会，并且要带千里镜去找机会，机会找着了，就用手去抓住彼——不断地抓住彼，还要尽力地发展彼。

再说一说教育者的责任。简单一句话，教育者的责任就是"不辜负机会；利用机会；能用千里镜去找机会；会拿灵敏的手去抓机会"。

办学者和学生都应当看看教育者是否利用他的机会；如果没有利用他的机会，便是他没有尽责；尽责的教育者，可以使学生发生"快乐"与"不快乐"两种感想；但是不尽责的教育者，也可以得着这两种情形，这是什么缘故？

　　因为教育者尽责，可以使学生在物质环境中做好人，教他学习一种技能去主宰环境。这种教育者，学生对于他有合意的，有不合意的。合意者不生问题，不合意的学生只请他认定教育者是否教我们做一个好人。如是，那我们就应当忍耐着成全这教育者的机会。设若教育者不负责——辜负了机会——不使学生求学，我们这时候，应当知道学生有好有坏，教育者也有尽责与不尽责，不尽责的教育者常为坏学生所欢迎，同时也被好学生唾弃。做好学生、好教育者，更应当对于坏教育者、坏学生，加以严厉的驱逐，使这学校成为好的学校。

　　这桩事，无论是教育者、学生、办学者，皆当注意。我们不能辜负这机会与责任，自然要奋斗。攻击坏教育者、坏学生，是我们不可不奋斗的事——尤其是安徽不可不奋斗的事！

生活即教育

（1930 年）

　　　　学校即社会，就好像把一只活泼泼的小鸟从天空里捉来关在笼里一样，他要以一个小的学校去把社会上所有的一切东西都吸收进来，所以容易弄假。社会即学校则不然，他是要把笼中的小鸟放到天空中去，使他能任意翱翔，是要把学校的一切伸张到大自然里去。

　　今天我要讲的是"生活即教育"。中国从前有一个很流行的口号，我们常用得很多而且很熟的，就是"教育即生活"（education of life）。教育即生活这句话，是从杜威（De Dewes Wes）先生那里来的，我们在过去是常常用他，但是，从来没有问过这里边有什么用意。现在，我把他翻了半个筋斗，改为"生活即教育"。在这里，我们就要问："什么是生活？"有生命的东西，在一个环境里生生不已的就是生活。譬如一粒种籽一样，他能在不见不闻的地方而发芽开花。从动的方面看起来，好像晓庄剧社在舞台演戏一样。《生活即教育》这个演讲，从前我已经讲了两套，现在重提我们的老套。

第一套就是：

是生活就是教育，不是生活的就不是教育；

是好生活就是好教育，是坏生活就是坏教育；

是认真的生活就是认真的教育，是马虎的生活就是马虎的教育；

是合理的生活就是合理的教育，是不合理的生活就是不合理的教育；

不是生活，就不是教育；

所谓之生活未必是生活，就未必是教育。

第二套是第二次讲的时候包括进去的，是按着我们此地的五个目标加进去的，就是：

是康健的生活，就是康健的教育；是不康健的生活，就是不康健的教育；

是劳动的生活，就是劳动的教育；是不劳动的生活，就是不劳动的教育；

是科学的生活，就是科学的教育；是不科学的生活，就是不科学的教育；

是艺术的生活，就是艺术的教育；是不艺术的生活，就是不艺术的教育；

是改造社会的生活，就是改造社会的教育；是不改造社会的生活，就是不改造社会的教育。

近来，我们有一个主张，是每一个机关，每一个人在十九年里都要有一个计划。这样，在十九年里我们所过的生活，就是有计划的生活，也就是有计划的教育。于是，又加了这么一套：

是有计划的生活就是有计划的教育，是没有计划的生活，就是没有计划的教育。

我今天要说的就是：我们此地的教育，是生活教育，是供给人生需要的教育，不是作假的教育。人生需要什么，我们就教什么。人生需要面包，我们就得受面包教育；人生需要恋爱，我们就得过恋爱生活，也就是恋爱的教育。照此类推，照加上去：是那样的生活，就是那样的教育。

与"教育即生活"有联带关系的就是"学校即社会"。"学校即社会也就是跟着"教育即生活"而来的，现在我也把他翻了半个筋头，变成"社会即学校"。整个的社会活动，就是我们的教育范围，不消谈什么联络，而他的血脉是自然流通的。不要说"学校社会化"。譬如现在说要某人革命化，就是某人本来不革命，假使某人本来是革命的，还要他"化"什么呢？讲"学校社会化"，也是犯同样的毛病。"社会即学校"，我们的学校就是社会，还要什么"化"呢？现在我还有一个比方：学校即社会，就好像把一只活泼泼的小鸟从天空里捉来关在笼里一样，他要以一个小的学校去把社会上所有的一切东西都吸收进来，所以容易弄假。社会即学校则不然，他是要把笼中的小鸟放到天空中去，使他能任意翱翔，是要把学校的一切伸张到大自然里去。要先能做到"社会即学校"，然后才能讲"学校即社会"；要先能做到"生活即教育"，然后才能讲到"教育即生活"。要这样的学校才是学校，这样的教育才是教育。

　　杜威先生在美国为什么要主张教育即生活呢？我最近见着他的著作，他从俄国回来，他的主张又变了，已经不是教育即生活了。美国是一个资本主义的国家，他们是零零碎碎的实验，有好多教育家想达到的目的不能达到，想实现的不能实现，然而在俄国已经有人达到了，实现了。假使杜威先生是在晓庄，我想他也必主张"生活即教育"的。

杜威先生是没有到过晓庄的，克伯屈先生是到过晓庄来的，克伯屈先生离了俄国而来中国，他说："在离莫斯科不远的地方，有一个人名夏弗斯基的，他在那里办了一所学校，主张有许多与晓庄相同的地方。"我见了杜威先生的书，他说现在俄国的教育，很受这个地方的影响，很注重这个地方。他们也主张生活即教育，社会即学校。克伯屈先生问我们在文字上通过消息没有，我说没有。我又问他："夏弗斯基这个人是不是共产党？"他说不是。我又问他："他不是共产党，又怎么能在共产党政府之下办教育呢？"他说："因为他是要实现一种教育的理想，要想用教育的力量来解决民生问题，所以俄政府许可他实验，他在俄政府之下也能生存。"我又对他说："这一点倒又和我相合，我在国民党政府之下办教育，而我也不是一个国民党党员。"这是克伯屈先生参观晓庄后与我所谈的话。

现在我们这里的主张，已经终于到了实现的时期了，问题是在怎样实现。这一点，可以分作三个时期：

第一个时期，是生活是生活，教育是教育，两者是分离而没有关系的。

第二个时期，是教育即生活，两者沟通了，而学校社会化的议论也产生了。

第三个时期，是生活即教育，就是社会即学校了。这一期也可以说得是开倒车，而且一直开到最古时代去，因为太古的时代，社会就是学校，是无所谓社会自社会、学校自学校的。这一期也就是教育进步到最高度的时期。

其次，要讲生活即教育与社会即学校，有几方面是要开仗的，而且，是不痛快、是很烦恼，而与我们有极大的冲突的。

第一，在这个时期，是各种思潮在中国谋实现的时期，中国几千年来的传统教育所支配的许多传统思想都要在此时期谋取得他的地位。第二，是外来的各种文化，如德国以前是以文化为中心的。这种文化，胡适之先生曾说是一种 jantademin（gentleman）的文化，是充满着绅士气的，是英国的。

现在先说中国遗留下来的旧文化与我们的生活即教育是有冲突的。中国从前的旧文化，是上了脚镣手铐的。分析起来，就是天理与人欲，以天理压迫人欲，做的事无论怎样，总要以天理为第一条件。

他是以天理为一件事，人欲为一件事。人欲是不对的，是没有地位的。在生活即教育的原则之下，人欲是有地位的，我们不主张以天理来压迫人欲的。这里，我们还得与戴东原先生的哲学打一打通。他说理不是欲外之理，不是高高的挂在天空的；欲并不是很坏的东西，而是要有条有理的。我们这里主张生活即教育，就是要用教育的力量，来达民之情，顺民之意，把天理与人欲打成一片，并且要和戴东原先生的哲学联合起来。

与此有联带关系的就是"礼教"。现在有许多人唱"礼教吃人"的论调，的确，礼教吃的人，骨可以堆成一个泰山，血可以合成一个鄱阳湖。我们晓得，礼是什么？以前有人说，礼是养生的，那是与生活即教育相通的。这种礼，我们不惟不打倒，并且表示欢迎。假若是害生之礼，那就是要把人加上脚镣手铐，那是与我们有冲突的，我们非打倒不可。因为生活即教育是要解放人类的。

再次，中国从前有一个很不好的观念，就是看不起小孩子。把小孩子看成小大人，以为大人能做的事小孩也能做，所以五六岁的小孩，就要他读《大学》《中庸》。换句话说，就是小孩子没有地位。我们主张生活即教育，要是儿童的生活才是儿童的教育，要从成人的残酷里把儿童解放出来。

还有一点要补充进去的，就是书本教育。从前的书本教育，就是以书本为教育，学生只是读书，教师只是教书。在生活即教育的原则之下，书是有地位的，过什么生活就用什么书，书不过是一种工具罢了。书是不可以死读的，但是不能不用。从前有许多像这样的东西，是非推翻不可的，否则不能实现"生活即教育"。

现在外面传进来的思潮，也有许多与我们是冲突的。以文化做一个例吧！以文化做中心的教育，他的结果是造成洋八股。文化是人类创造出来的，固然是非常的宝贵，但他也不过是一种工具而已，不能拿做我们教育的中心。人为什么要用文化？是要满足我们人生的欲望，满足我们生活的需要。电灯是文化，我们用了他，可以把一切看得更明白。无线电是文化，我们用了他，可以更便利。千里镜是文化，我们用了他，可以钻进土星、木星里去。……所以文化是生活的工具，他是有他的地位的。我们不惟不反对，并且表示欢迎。欢迎他来做什么呢？就是满足我们生活的需要。有些人把他弄错了，认他做一种送人的礼物，这是不对的。文化要以参加做基础，有了这参加的最低限度的基础，才能了解，才能加上去。生活即教育与以文化为中心的教育的不同，就是如此。

还有训育与生活即教育的理论怎么样？生活即教育与训育把训与教分家的关系怎样？生活即教育与社会即学校如何实现？小学里如何把他实现出来？假使诸位以为是行得通的，最好是每一个人拟一个方案来交我，哪一部分可以实现，我们就拿那个地方当一个社会实现出来。

现在我举一个例说：去年天干，和平学园因为急于要水吃，就开了一个井。井是学校开的，但是献给全村公用，不久就发现了两个大问题：

（一）每天出水二百担，不敷全村之用。于是大家都起早取水，后到的取不到水。明天又比别人早，甚至于一夜到天亮，都有取夜水的。到天亮时，井里的水已将干了。群聚在井边候水，一勺一勺的取，费尽了气力，才打出一桶水。

（二）大家围着取水，争先恐后，有时甚至用武力解决。

这种现象，假使是学校即社会，就可以用学校的权力来解决，由学校出个命令，叫大家照着执行。社会即学校的办法就不然，他觉得这是与全校人的生活有关系的，要全村的人来设法解决，于是就开了一个村民大会，一共到了六七十个人，共同来做一个吃水问题的教学做。到会的人，有老太婆，也有十二三岁的小孩子，公推了一位十几岁的小学生做主席。我和许多师范生，就组织了一个诸葛亮团，插在群众当中，保护这位阿斗皇帝。老太婆说的话顶多，但同时有许多人说话，大家听不清楚，而阿斗皇帝又对付不下来。这回，诸葛亮用得着了，他就起来指导。结果，共同议决了几件事：

1. 水井每天休息十小时，自下午七时至上午五时不许取水。违者罚洋一元，充修井之用。

2. 每天取水，先到先取，后到后取。违者罚小洋六角，充修井之用。

3. 公推刘君世厚为监察员，负执行处分之责。

4. 公推雷老先生为开井委员长，筹款加开一井，茶馆、豆腐店应多出款，富户劝其多出，于最短期内，由村民团结的力量，将井开成。

这几个议案是由阿斗会议所通过的。这就是社会即学校的办法。由此，我有几个感触：

（一）民众运动，要以对于民众有切身的问题为中心。否则，不能召集。

（二）社会运动，非以社会即学校则不能彻底实行。而社会即学校，是有实现的可能的。

（三）不要以为老太婆、小孩不可训练，只要有法子，只要能从他们切迫的问题着手。

（四）公众的力量比学校发生的大，假使由学校发命令解决，则社会上了解的人少，而且感情将由此分离。

（五）阿斗离了诸葛亮是不行的，和平门吃水问题，倘无相当指导，可以再过四五千年也不会解决。

（六）做民众运动是要陪着民众干，不要替民众干。训政工作要想训练中华国民，非此不可。

这就是以小学所在地做一个学校的例，其余的例很多，不必多举。社会即学校要如何的实现，请大家一样一样的做个方案，二次开会的时候再谈。

这是证明"生活即教育"与"社会即学校"是相联的，是一个学理。

关于"生活即教育"，我现在再来补充一套。我们是现代的人，要过现代的生活，就是要受现代的教育。不要过从前的生活。也不要过未来的生活。若是过从前的生活，就是落伍；若要过未来的生活，就要与人群隔离。以前有一部书叫作《明日之学校》，大家以为很时髦的，讲得很熟的。我希望乡村教师，要办今日之学校，不要办明日之学校。办今日之学校，使小学生过今日之生活，受今日之教育。

填鸭教育

（1939年）

我愿意教育者有这样的周到，材料如果用得不对，填鸭可以填死，被人填死的学生有多少啊！

厚德福是北碚最道地的北方馆子。我在这里第一次看见填鸭，听到填鸭的道理，自然而然的联想到久已闻名的填鸭教育。

我从厚德福里一位伙计所得到的填鸭的知识是如此：第一步是买鸭皮。先把那些皮儿可能长肥的鸭儿买来。皮儿不可能长肥的鸭就不要。这要靠选择。目光好，选择准确，那么喂它半个月、二十天就会长得很肥，这好像是传统学校的入学考试。

第二步是预备填料，此地用的填料是四分米六分黑面，搓成"食指"大小的小条，填入鸭儿的食道。每天填三餐，每餐填八条，费钱八分光景。这好比是预备现成教材，按照一定钟点上课，全体一律受教，不管个性如何。在教育界里面是有不少的办法和填鸭相仿佛。谁个要在学生需要之外悬立目的，超出学生自愿容量去灌注教材，一心一意指望学生们快快的照他主观的模样长成，使他和他的主顾可以享受，只须如此，他便是在办填鸭教育。

厚德福的朋友还告诉我，北方的填料跟这里有些不同。北方普通用的是面粉、高粱、麸子拌起来用，有时也用玉米。我说四川玉米价钱低，为什么不用玉米呢？他说，这儿鸭子喉咙小，用玉米填下去会把鸭儿胀死；因为填死几只鸭，我们才知道玉米对于四川鸭不合用。我愿意教育者有这样的周到，材料如果用得不对，填鸭可以填死，被人填死的学生有多少啊！

胡　适

这种以客观的标准和公开竞争的考试制度，

打破了社会阶级的存在，

同时也是保持中国二千多年来的

统一安定的力量。

考试与教育

（1947 年）

> 由于考试制度的渐趋严密和阶级制度的逐渐打
> 破，所以无论出身如何寒微的人，都有应考的机会
> 和出任官吏的可能。

我在民国二十三年，曾在考试院住过几天，也在此会
场讲过话，所以这次重来，非常愉快。尤其看到考试院的
建筑没有被破坏，并知道今年参加高考的人数超过以前任
何时期，现在交通如此不方便，而全国各大城市参加高考
的人数，竟达万人以上（就在我们北大的课室中，也有不
少的人在应试）。我感觉到，自民国二十年举行第一次考
试以来，这十六年间，考试制度的基础已相当巩固。我是
拥护考试制度的一个人，目睹考试制度的巩固，与应考人
数的增多，至为高兴。

今天考试院的几位朋友，要我来谈谈考试与教育的问

题。当然考试与教育，与学校，都有很深的关系。中国的考试制度，可算有二千多年历史。在汉朝初开国的几十年，本来没有书生担负政治上的重要责任，后来汉武帝的宰相公孙弘，向武帝建议两件大事：其一是"予博士以弟子"。因过去只有博士，而没有学生，公孙弘主张给博士收学生，每个博士给予学生十人，后来学生数目逐渐增加，至王莽时代，增至一万人，迨东汉中期，更增至三万人。

其二就是考试制度。公孙弘见国家的法令与皇帝的诏书，不但百姓不能了解，甚至政府的官吏亦多不懂，故献议武帝，采用考试的办法，即指定若干经典为范围，凡能背诵一部的，便予以官吏职位。这是最早的考试制度，约在纪元前一百二十四年开始实行，到现在已经二千一百年。有了这种考试制度，便可以吸收学校训练出来的人才。风气一开，就另外产生一种私人创办的学校。在后汉时，此种学校达一百余所，各校学生有五六百人的，也有一二千人的。但因私人住宅无法容纳，所以在学校附近，就有许多做小买卖的商店应运而生，以供应学生的衣着和食宿。

其后学校的开办，主要的便是为适应此种考试制度而设，学校学生根据政府订定的标准，大家去努力竞争。最初应考的人，还有阶级的限制，就是只有士大夫阶级才能应试。后来这种阶级观念也打破了，只问是否及格，而不问来历。考试制度其后也逐渐改进，在唐朝时，还有人到处送自己的卷子，此种办法易影响主考人的观念，所以大家觉得不妥当，而加以禁止。到宋朝真宗时代，更采用密封糊名的办法，完全凭客观的成绩来录取人才。

由于考试制度的渐趋严密和阶级制度的逐渐打破，所以无论出身如何寒微的人，都有应考的机会和出任官吏的可能。

以前我在外国，有人要我讲中国的考试制度，我便引用一个戏台上的故事，就是《鸿鸾禧》所描写的"金玉奴棒打薄情郎"。这个戏也许大家都看过，是叙述一个乞丐头儿金松的女儿金玉奴，在一个寒冷的冬天打开大门看见有人僵倒在地上，便和他父亲把这个人救活了。那个人是一位来京应试的穷书生，因为没有钱，又饥又饿，所以冻僵在门前。后来金玉奴请他的父亲把他收留了，这个书生不久便做了金松的女婿，并且考中了进士，还不能做知县，只在县中做县尉县丞之类的小官。但是他做了官之后，总觉得当一个乞丐头的女婿没有面子，所以在上任的路上，便要设法解决他的太太。在一个月明星稀的晚上，他叫她走出船头，硬把她推下水去，但想不到金玉奴却被后面一只船上的人救起来。这个船上的主人，便是那书生的上司，他询明情由，就收金玉奴为养女，等到那书生到差之后，仍将她嫁回给他。于是在洞房之夜，金玉奴便演出了棒打薄情郎这幕喜剧。

这个故事是说明那个时候的人，谁都可以参加考试和有膺选的机会，完全没有阶级的限制。这种以客观的标准和公开竞争的考试制度，打破了社会阶级的存在，同时也是保持中国二千多年来的统一安定的力量。

我认为中国到现在还是没有阶级存在的，穷富并不是阶级，因为有钱的人，可能因一次战争或投机失败而破产，贫穷的人，亦可以积累奋斗而致富，不像印度那样，有许多明显的阶级存在。我国的阶级观念，已为考试制度所打破。

再说考试制度对于国家的统一，也有很大的关系。从前的交通非常不便，不像现在到甘肃、到四川，坐飞机只花几个小时就可以到，并且还有火车、汽车和轮船等交通工具。在古时那种阻塞的情形下，中央可以不用武力而委派各地以至边疆的官吏，来维持国家的统一达两千多年，这实在是有其内在的原因，就是由于考试制度的公开和公平。当时中央派至各地的官吏（现在称之为封建制度，我却认为并不怎样封建，因为不是带了许多兵马去的）皆由政府公开考选而来。政府考选人才，固然注意客观的标准，同时也顾及各地的文化水准，因此录取的人员，并不偏于一方或一省，而普及全国。在文化水准低的地方，也可以发现天才，有天才的人，便可以考中状元，所以当选的机会各地是平等的。

同时还有一种回避的制度，就是本省的人不能任本省的官吏，而必须派往其他省份服务，有时候江南的人，派到西北去，有时候西北的人派到东南来。这种公道的办法，大家没有理由可以反对抵制。所以政府不用靠兵力和其他工具来统治地方，这是考试制度影响的结果。

今天我到考试院来，班门弄斧的说了一套关于考试制度的话，一定很多人不愿意听，所以我要向大家告罪。

再说到本题来，即从汉朝以后，考试和教育的关系。那时候的学校，差不多都是为文官考试制度而设，迄至隋唐，流于以文取士的制度。本来考试内容，包含多种，除进士外，有天文、医学、法律、武艺等等，不过进士却成为特别注重的一科。进士是考诗经、词赋的，即是以创作文学为标准，社会的眼光，也特别重视这一科。有女儿的人家，要选进士为女婿，女子的理想丈夫，就是状元进士。这种社会风气，改变了考试的内容。本来古代考试，不单纯是作诗词或八股文章，不过因为后来大家看不起学法律和医药的人，觉得这种学问，并不是伟大的创作，而进士却能在严格的范围内来创作文学，当然应看作是天才了。社会这种要求，并不是没有道理，不过因为太看重进士，所以便偏于以进士科为考试制度的标准。

王安石时，他想变更这种风气而提倡法治，研究法律。但是他失败以后，便依然回复到做八股文章，走上错误的道路，但这种错误是基于当时的社会背景的。

因为考试内容的改变，便影响到学校的教育。考试要用诗赋，学堂的教育便要讲诗赋，考试要做八股文章，学堂教育便要讲八股文章。社会的要求和小姐们的心理，影响了考试制度，考试制度也影响了学校教育的内容。

由进士科考取的人才，多数是天才，天才除了做诗赋和八股之外，当然还可以发挥其天才做其他的事业，所以这并不是完全失败的制度。此处并非说我同情进士制（我是最反对做律诗和八股文的），不过我们要知道这是有历史背景的。

我近年来，在国外感觉到，中国文化对世界有一很大的贡献，就是这种文官考试制度。没有其他的民族和国家，其考试制度会有二千多年历史的。我们即以隋朝到现在来说，已有一千四百年，唐朝迄今，有一千三百年，宋朝迄今，也有九百多年。没有别的国家，能有这样早的考试制度。我国以一个在山东牧豕出身的公孙弘先生，能于二千年前有这种见地，实在是件了不起的事。

再从世界的眼光来看，中国考试制度，也影响了别的国家。哈佛大学的《亚洲研究杂志》，前年刊登一篇北京大学教授丁士仪先生写的文章，题为《中国文官考试制度影响英国文官考试制度的研究》。丁先生特别搜寻英国国会一百多年来赞成和反对采用中国文官制度的历次讨论纪录，用作引证。并说明十八世纪（其实早在十七世纪）便有耶稣会的传教士介绍中国的历史文化和政治制度到欧洲，其中便曾有人提到中国的考试制度。首先在法国革命时（纪元 1791 年），法国革命政府宣布要用考试制度，这思想是受了中国影响的，不过后来革命政府失败，所以没有实现这个制度。其后这种思想，由欧洲大陆传入英国，英国当时有所谓"公理学派"，主张改革政治、改革社会以谋取最大多数人类的最大幸福为目标（这个学派也可称为幸福主义学派），他们同样看重了中国的文官考试制度，主张英国也应加以采用。

后来英国议会讨论这个问题时，有赞成和反对的两派意见。赞成派的理由，是中国能维持几千年的统一局面，主要的是因为政府采用这种公开的客观的考试制度；反对派则认为中国自鸦片战争以来，历次对外打败仗，所以不应仿效中国的制度。由此可知无论赞成的和反对的，都承认这是中国发明的制度。

后来英国先在印度和缅甸试行这种制度，到十九世纪以后，再在国内施行。

其后德国也采用考试制度，不久复传到美国。这都是直接或间接受到中国影响的。

在太平天国时代（十九世纪中叶），英国出版一本书叫作《中国人与中国革命》，这本书前面，有个附录，是一个英国官员向英政府及人民写的条陈，要求英国采用中国的文官考试制度。

由这些事例，可以看出中国文官考试制度影响之大，及其价值之被人重视，这也是我们中国对世界文化贡献的一件可以自夸的事。

现在我们的考试，已经不采用诗词了（考试院的各位先生平常作诗作词，不过是一种余兴），考试的内容已和世界各国相差无多。比之古代，虽然进步了很多，但是我们回过头看，现在却缺少了上面所讲的社会上的心理期望。

现在人家择女婿，不以高考及格为条件的，小姐们的理想丈夫，也不是高考第一名的先生！现在大家所仰慕的，高考还不够，要留学生，顶好是个博士，而且是研究工程的，这是一个显明的事实。

尽管现在社会对考试制度已较民国二十年时，认识得清楚，参加考试的人数也已增多，但是小姐们并不很看重高考及格的人员。我们不可忽视，小姐是有影响考试制度的相当权力的。

怎样才能使社会人士和小姐们养成对考试制度的重视呢？我还没有方案来答复大家这个问题。

我曾和戴院长谈过北京大学一个学生的故事。这个学生，今年毕业，是学法律的，中英文都很好，他的毕业论文，全篇用英文写成，故被目为该系成绩最优的一个。学校要留他当助教，他说"谢谢，我不干"。北平地方法院的首席检察官在学校兼课，也邀他到法院去帮忙，他也说"谢谢，我不干"。后来一查，他的毕业论文虽做了，却没有参加毕业考试，原来他到一个私立银行当研究生去了，他的薪津比敝校的校长还要多，他用不着参加考试，因为这个私立银行是不用铨叙的。

我有三十二张博士文凭（有一张是自己用功得来，另31张是名誉博士），又当了大学校长，但是我所拿的薪津，和一个银行练习生相差不多。我并不是拿钱做标准来较量，但是在这种状态之下，如何能使社会上的人士对考试及格的人起一种信仰呢？

我希望各位在研究国内外各种高深学问之余，再抽时间看明朝以来三百年间流行的才子佳人小说，研究一下怎样才可以恢复过去社会上对考试制度敬重的心理，就算我出这个题目来考考大家。

舒 新 城

教育是改进人生的活动，
其目的在为社会创造自立的个人，
为个人创造互助的社会。

教育与学生

少年时代则一切任性而行，勇往向前。在此前进的历程中自然要遇着许多困难而遭失败，但因胸无成见，易为外物所影响，一切知识与技能亦特别进步得快。换言之，人生一世只有学生时代的学习能力最强。

一　何谓学生

（一）学生的特质

读此书者大概都曾作过学生，学生之含义如何，似乎不必再述。但是最平常的事易被人忽视。学生两字惟其太平常，所以还得一述。

照最通俗的字义讲，学是学习，生是生存，两字合起来，应当为学着去生存。一般人都称在学校读书的人为学生，但问读书的目的何在？自然是为着生存（广义的：合物质生活与精神生活而言），所以这两字照最通俗的解释，很能尽其应有之义。不过学有道，生也有道，决不是盲目的乱动。《说文》说："生，进也。"《学记》说："君子之于学也，藏焉，修焉，息焉，游焉，夫然故安其学而视其师，乐其教而信其道，是以虽离师辅而不反也。"生之本义为进，故人类的生活应为进步的，创造的；但现代的社会组织复杂，原始的本能决不足以应付，于是学为必要。学的方法与态度应当怎样，《学记》上那几句话说得很明白：因为学之为言效也，所以从师实为必要（广义：不只以学校教师为限），某人可以为师，自有其特长之点足资取法，即非与之亲而无由学得，故亲师为学的第一个条件。只有师无友，生活上固感孤独，学业上亦少切磋，故乐友为学的第二个条件。倘能亲师乐友，安学行道，而又对于所学能孜孜不倦（藏、修、息、游）地进行，学自有得，生活亦自有进步。

上面只说学生两字的意义及学生的目的，并不曾说到学生的特质。我想，谁也知道教育是以人为对象，在教育普及的国家中，谁也会作学校的学生；如其说学生有特质，当然不能离开人的特质。然而说学生的特质就是人的特质却又不对，因为人的生活是继续的，其范围自初生以至老死；学校学生生活则只有人的生活的一部分，即只以在学校的时间为限。各国对于学生在校的时间虽有参差，但学制所规定者大概均为六七岁至二十三四岁之十七八年间。此十七八年虽可细分为儿童期、青年期、壮年期，而生理与心理上均在发育，所以学生之第一特质无论在身体上或精神上均为向前发展，或简称之为生。学生之身心既向前发展，对于外面的好奇心盛而吸收力强；人到中年以上，饱经世故之后，遇事多持消极，而少年时代则一切任性而行，勇往向前。在此前进的历程中自然要遇着许多困难而遭失败，但因胸无成见，易为外物所影响，一切知识与技能亦特别进步得快。换言之，人生一世只有学生时代的学习能力最强，所以学生的第二特质为学。论学生的特质而以生与学为旨归，读者或以为这种解释，是一种文字游戏，实则事实确系如此，无论在生物学或心理学上均有确实根据。

（二）学生的职责

近来因为国事紊乱与学生嚣张，社会上对于学生的职责问题常有两种极端的议论：一是专以社会活动为事，一是绝对不问外事。主张前说的，以为学生是社会中优秀分子，社会上一切问题均当由学生处理：自政治、外交、罢工、罢市以至各界一切集会均须由学生主持一切；甚至误衍阶级争斗之说以学生与教师为对立的阶级，学生之一切举动均当以拥护本身利益为前提。近数年来各校风潮迭起，河南、湖南等省并演学商冲突的恶剧，此种议论之鼓荡，实为重要原因。顽旧者见学生嚣张，则力倡绝对不问外事的议论，并以军警的势力禁止学生一切活动。实则二者均过于极端。在现在内忧外患交逼的中国，学生诚不能不参加社会运动，但社会事业至复杂，一切事业之处理，均须有专门的知识，学生的学识纵或优于普通民众，然而决非万能，决不能处理一切社会事业，亦非现在学生运动所常用之开会游行、发通电与简单的机械方法可以处理；而况中小学生的年龄与知识要其了解一种社会事业尚非易事，更何能单独主持社会运动。至于以学生为一种阶级更属谬见，因为阶级争斗之阶级，是以生产为分类的标准，学生根本为分利者，而且在文明国家任何人都当为学生，决不能将此预备生产能力之一时代划为一阶级，造成昨我与今我成仇雠之局势，此阶级争斗之说决不能应用于学生界者。而且实际上教师与学生的关系决不能和雇主与工人相比：雇主取工人的生产余值以自利，工厂的一切设备为自利的；教师生活则以国家供给为本位，虽亦收受学费，但系取之于学生之保护者，学生根本非生产者，更说不到生产余价，学校的设备更以利学生为主要目的。至雇主与工人只以生产品为维系的媒介，完全为物质的关系，师生则以感情为维系的要素，大半为精神的；而且工人能生产，是自立的，学生则以受教育为目的，是被指导者。姑无论阶级两字在学生界不能成立，以被指导者而言拥护本身利益，亦未见得真能明白利益之所在（如反对考试）；以拥护本身利益为言而处决指导者之职务（如议会式的学生自治会），乃至于倡产生指导者（如"民选校长"），则更自处于指导者的地位，不独不必入学校受教育，且可教导学校教职员，无论在理论与事实上均不可通，然而近年的学生为此谬说所误者不少。因学生之嚣张，遂发生一种绝对不问外事的极端议论，此议论近来很受一些顽旧者之赞许，但其不合事理则一：因为学习的目的在扩张经验，改组经验，而获得经验的方法，不只书本的阅读，实际的活动也一样重要；

而且处现在的中国,事实上亦每不容学生在校安心求学(如五卅惨案);在相当指导之上参加社会活动,或对于某种问题有特殊研究。能应用学术指导民众而主持社会运动,亦是现在学生界应当作的事情;不过要有分际,不以社会活动而放弃其受教育的责任。至于现在的学校在事实上诚有许多不满人意,学生自然可供献其改革的意见,也可为改革的运动,然而决不能以阶级争斗的态度存仇视的成见。中国社会政治都极紊乱,将来改革的责任,现在的学生自然当担负大部分,不过社会改革需破坏,更需建设,破坏与建设都非学术不可。所以学生真正的职责:第一,是从实际上努力研求学术;第二,应用学术加入民众或领导民众为自决的、有效的社会活动以救国家危亡。换句话说,学生不要忘了自己是学着生存的!

蔡元培说:"求学不忘救国,救国不忘求学。"我们应当说:"求学是为救国,救国更要求学。"

二 儿童与学生

(三)儿童的心理

心理学者因研究的便利,常将人类生活分为幼稚、儿童、青年、壮年、老年诸时期，而以 6 岁以前为幼稚期，6 岁至 12 岁为儿童期，12 至 18 岁为青年前期，18 至 24 岁为青年后期，24 至 48 岁为壮年期，以后为老年期。人类在 6 岁以前，一切生活均须长者代为处理，普通在家庭施以非正式的教育，儿童此时虽可以学习许多事物，但大半为直接参与生活而来，家庭的父母并不立定计划专门教导；幼稚园虽收 6 岁以下 3 岁以上之学生，施以系统的训练，但亦只以语言及游戏为限，而且此种教育只是自由经营，不为国家所规定。6 岁至 12 岁的儿童期在各文明国家大概都规定为义务教育时期，强迫使之就学，此时的儿童不独为家族中之一分子，而且被视为国家中的国民。此时期虽只 6 年，但照心理学家的意见又可分为两期，即 6 岁至 9 岁为儿童前期，9 岁至 12 岁为儿童后期。儿童此时初与社会接触，经验不多而且纷乱无系，对于感官接触所及的东西，都很感兴趣，但又不能明白其内容，于是时时求人指导，遇事既很好问，做事又好模仿，心理学者称此时期为模仿时期。儿童后期则因与社会相处较久，经验较丰富而有系，对于自我有相当的认识，从前完全以他人之见解为转移，此时却自己有所主张，故心理学者称此期为自觉期。但此时因知识不充最易受环境的影响，而且所经过之经验，常能保持很长的时间，支配后来的生活。

（四）儿童教育的要点

儿童期正为小学教育之期。教育目的第二章中曾经说及，在予学生以基本的人生知识，养成其对于国家之一致的理想。现在所论者为教授原则。

"儿童为具体而微的成人"不独在中国有此观念，即西洋亦是如此，夸美纽斯（Comenius）、卢梭（Rousseau）、裴斯泰洛齐（Pestalozzi）、福禄培尔（Froebel）诸教育家对于儿童生活加以注意，与近代心理学者用科学的方法研究儿童，将其结果传布以后，西洋社会上始知儿童在形体上虽为具体而微之成人，而精神上则相去甚远。中国从前私塾之要学生背诵《四书》《五经》，或用夏楚威逼他们读书，都是不明儿童的特质所在。倘若你曾习过儿童心理学，自然知道儿童的种种异于成人之处，就不习过儿童心理学，也可以由日常的观察可以知道：（1）儿童是好动的；（2）注意不能持久；（3）好奇，好模仿。若要使儿童不像旧时私塾之横被摧残，消极方面应：（1）设法减少室内静坐与多用细筋肉的工作；（2）不用为儿童理解不及的教材；（3）不示以与身心有妨的行动。积极方面应注意：（1）尽量提倡与实际生活相联而为儿童力所能胜之工作；（2）关于历史、地理不易为儿童直接经验所及而又为国民所不可不知之材料，用演剧方法表演之，予他们以具体的印象；（3）对事公正、对人同情；（4）对于社会与国家之重要事项，时时以兴趣的方法演述之，养成其爱国心；（5）时时予以团体的训练，养成其奉公守法、独立自治的精神。

三　青年与学生

（五）青年的心理

青年期年龄较大，知识较充，身体与精神均有急剧的变化，几与儿童及壮年时期判若两人，故青年期又称为人的再生期。据心理学者之研究，青年前期之社会自觉性很强，青年后期之个性很显。儿童时代对于自己虽亦觉识，但对于群的要求不切，青年期不独好与人接近，而因为两性本能成熟，并有异性的要求。此时在智力方面，想象力、推理力、名誉心发达，遇事好追求因果，而且常为自炫心所驱策；在感情方面，同情与妒忌心均极盛，易受外物刺激而为尽量的发舒；在意志方面，责任心大、自信力强。因感情盛，故好恶常有过当之举；因自觉性强，故遇事好为估量，而且好执己见，不愿服从他人；同时对于个人前途、社会事情亦时时虑及而思将来如何立身，如何治事。总括说：青年时期在知识上求知之心甚切，无时不向外求发展，感情上易受刺激而失生活之常态，但亦极富牺牲的精神，意志上由个人中心活动发展为社会中心活动，合群负责，但行为易为感情所影响。

（六）青年教育的要点

青年为人的再生期，与人生前途的关系很大，教育亦很不容易。但教育者明白青年心理的特点而因势利导之，也可收很大的效果。我们知道青年时期因身心两方面之要求，诸事都向前进，便当积极地引导他向前活动，不可遇事压抑，以养成其反抗的态度与畏缩的习惯。此时期教育上之当注意者有下列诸点：（1）激励自动。青年本好动作，无论教授什么，都可顺其性向予以自动的机会，使之自动研求。现在中等学校的教师上堂讲演，学生堂下静坐的习惯，最少应当革除。（2）注意感情反应。青年感情既盛，其生活大半为感情所支配，有些事情在他本无恶意或者不甚关心，但因他人之激动或教师之不明感情变化，使其情面难堪，竟至发生极大的风波，故教育者之态度应和平诚恳，多予同情以引起信仰，并当时时注意艺术的陶冶，以变化其感情。（3）鉴别个性。青年期自觉心强，自谋心亦强，对于社会上的事情，均取尝试的态度，教育者应随时加以考察，发现其个性之所在，而予以适当的指导，使之少耗时间与无益之试探。此外还有两事为国内主持青年教育者不甚注意的，即两性问题与团体活动。孟子说："食色，性也。"两性的要求原是根诸本能来的，而青年期因生理上变化，对于两性要求甚切，也最容易为外物所诱而误用。中国教育者戴"礼教"的面具，对于青年不言两性问题，甚至生理学教科书中不载生殖器，此种讳疾延医的办法，不知坑害多少青年！此事在青年教育上是一很重大的问题，教育者应当根据心理、生理、伦理上的原则予青年以正当的性的知识。团体活动在中国历史上即不甚注意，而近来因为群众运动发生流弊之故，教育者则从而压抑之，不许青年为课外活动，这不独因噎废食，而且要发生其他不良的结果；因为被压抑的感情与意志不得伸张，终当由他种方式表出之。教育者对此只当切实为团体的训练，使其活动遵一定之轨道进行，为国家训练良好公民，为个人养成治事才干。这又是青年教育者所当注意的一个重大问题。

四　成人与学生

（七）成人教育问题

照学制规定，学校学生时代为6岁至24岁，在此期内，由学校负教育之责，此后则不问。但实际上24岁以后之人在教育上还有两事为我们所不可不注意者，即失学的成人与已受学校教育的成人之继续修学问题。就一般人的见解讲，若果在学校受了正式教育，学问当已有相当的成就，当无继续修学之必要。实则高等学校不是人人所能进，在现在的中国，国民教育尚未曾普及，更何能说到人人受高等教育，则一部分受过初等教育与中等教育在社会上从事职业的人，自不能不继续修学以扩充其能力。即少数受过高等教育者毕业后亦须继续修学，因为大学教育虽优于中等、初等教育，但在专门学术上不过是基本的基础，要"肯构肯堂"，还得个人出校后继续不断地努力。无论作何学问与事业，都不是学校时代所能成就，即历史上也不曾有青年时期对于学问与事业上有特殊贡献的人。由此可知成人继续修学之重要。所以从广义上讲，人之一生自呱呱堕地以至奄奄就木均可称为学生，无时不当学习；不过儿童期与青年期之可型性（flexibility）大，特别宜于就学，故由正式学校教育之。受学校教育之成人既当继续修学，则人当视宇宙为一大学校，职业场所为实习场，努力不断地研究，而国家对于此种国民之修学机会，如职工保障不使为物质生活压迫，修学设备如图书、实验所等应当尽量供给。此为受过学校教育之成人教育问题。

至于失学之成人更当设法补救，因为人类的生活常因教育程度而发生冲突，例如共和政制之当维护，无谓迷信之当破除，凡受真正学校教育者都莫不以为然，而乡间未进校之村民则不时想望圣明天子出现，更时时崇奉偶像；其他如道德标准、生活习惯，更有许多因袭的见解。这种不进步的见解，固足以阻国家的进步，而因为生活习惯不同，思想差异太远之故，家人父子中常常发生许多无谓的争端而减少人生的乐趣，因而影响及于社会国家者甚大。照现在的情形，中国人口已达44000余万［据民国十一年（1922）邮政总局调查］，而学生只670余万人，平均须

70人始有一学生，此84%不受教育之人民，成人当在半数以上，非急谋补救不可。现在已有平民教育之提倡，但平民教育之工作，大半在于使平民认字，认字后之继续修学设备如通俗图书馆、教育馆等更不可不注意。

我和教育

（1931 年）

为社会创造自立的个人，为个人创造互助的环境，便是教育惟一的使命。达此目的的方法，则在利用环境的刺激，使受教育者能自动解决问题、创造生活。

今天所以要谈这个题目，可说有几个动机：第一，我对中国目前的教育，实在怀疑，昨日中华学艺社年会上我曾发表一点意见，他们都很注意而赞同，在晚宴的谈话里，并且和我讨论。第二，近来《生活周刊》上，有一个《文凭问题》，主张要的有朱经农氏，主张不要的，我也是一个。……因了这些问题，常想把我对于教育的态度、意见，写了出来；今天各位要我来讲演，所以就定了这个题目。

"我和教育"的"我"，有两个意义：一是指我自己，就是我自己对于教育的经过与经验，和由此经过与经验所产生的教育观念。一是指普通的"我"，即是任何人都有一个我，那各个我对于教育，当然也有不同的观念。我不是你，也不是他，所以别人对于教育的观念如何，我不知道；我所知道的，只是我自己个人的意见。今天所讲的，便是我自己对于教育的观念。

教育的范围很大，我又不是一个专门学教育哲学的，现在所讲，只是随意发表我的意见，这意见曾经在三四年前陆续地写成文字，诸君或者已有看过的。

现在开始说"我和教育"。

我过去的历史很多，要想在此详细地说，是不可能的，今天只好作一个简短的叙述。说起我来，第一请诸君不要把我看作教育家，我不是教育家，而且不能做教育家；我只因生活上种种关系，对于教育有些直觉的意见而已。我的意见，是根据我的思想来的，而思想又是由于社会上各方面的情形所造成的，所以我今天发表我对于教育的意见，除报告我的生活经过，或者也许可以反映出近数十年来中国社会的一些情形。现在且说为什么说我不是教育家呢？

第一，我不够做教育家；第二，我不愿做教育家。

我不够做教育家，就是因为我对于教育没有深切的研究。我并没有进过中学，只在宣统元年，进过本县的小学，可是刚刚进了三年，便因为闹风潮而被开除；后来借了一张文凭，考入湖南高等师范学校，而且学的是英文科，没有研究过什么教育。虽然后来写过许多书，然而这些书的写成，第一是因为作生活的工具，第二不过是"代圣人立言"，自己的话不过百分之一二。对于教育，只有这样很浅薄的认识，根本说不上研究，当然不配做教育家。其次，我的性情常是很浪漫的，我看不起一切社会的信条、法律，我非常喜好文艺，我看的文艺作品，要比教育书来得多，可是因为生活的原故，写的教育书反而很多。这样为生活而做教育家，既非我力之所能，更非我志之所愿，所以把我和教育家联在一起，实在是一个大误解。

我以为教育家应由循规蹈矩的正人君子去做的。从前我写过一篇《致青年教育家》，登在《教育杂志》上，表示这意见，谁知登出之后，编辑接到责问的信，有数十封之多。只因为他们的立场和我相去太远，所以那些信，我都未复。

我对于中国现在的教育的意见怎样呢？

我认为现在的教育，根本不是人的教育，而只是贵族的教育：因为普通人没有机会受教育，无钱人没有资格受教育。

我现在为什么有这样的思想？

这由于我已往的历史。

我的父亲、祖父、曾祖，都是农人，而且是小农；到我的父亲，才算读书识字，但识字很有限，仅仅可以写信而已。父亲只有我这个单传子，所以便想叫我去读书，目的不过是要我进个秀才举人，是没有别的希望的。

我十二岁时读《纲鉴》，但是读不出趣味来，后来读了一篇《神灭论》，很得意，从此乃大做起文章。十五岁入小学后，直使我无聊，先生一小时教的，我三五分钟便把它看完。因为读教科书无趣味，于是乃大闹起所谓革命来，结果是被开除。但因此我想："书就应该这样读的吗？"

离开小学后，便跑到长沙，想考学校，但因为没有文凭，不能考；于是又跑到湖北去，学了一个多月的英文；后来，借了一张假文凭，考入湖南高等师范学校。考取以后，有人告发我用假文凭，学校又要开除我，我就对校长说：文凭是假的，不错；但考取是不是假的呢？校长一听，也觉得不错，就此算了。但此后我对于读书仍是发生问题，上课究竟干些什么？每天不问你喜欢不喜欢，只是照例去上那规定的课程，于是我又不高兴起来。因为湖南高等师范是以历史上有名的岳麓书院为校址，里面藏书甚多，我便常到图书馆去翻书。那里的书籍，真是诸子百家，非常之多——我最喜欢《庄子》；所以上课呢，我喜欢便去，不喜欢就不去。这样也混到毕业，成绩也倒还不错；然而因此我对教育更怀疑：教育这东西，究竟有用无用。又因为我的家庭虽是小康之家，但我入了都市以后，却很感穷困，于是我更发生下面的疑问：

学校和教育的关系怎样？

教育和金钱的关系怎样？

毕业以后，便是当教员，当了教员，也觉得无趣，所以到一个学校，不到一年或二年便跑开。但是做事的兴趣虽没有，却很有读书的兴趣，于是尽力看书。先看中文的教育书，看了一些，知道都是抄袭的，无足看。以后在某教会学校做教务主任，乃多读外国书；可是后来又因事走开。后在湖南第一师范教教育，以后便是中国公学、东大附中。最后到成都高师，在那里几乎碰到危险，以后就不多谈教育了。

然而我对于教育，仍旧是怀疑：学校究竟应该怎样办？教育究竟是什么东西？教育和金钱的关系究竟怎样？……我为解答我的疑问，于是多多搜罗书籍，切实阅读，想在书本中求得一个答案。

　　果然，民国十三年（1924）以后，我对于"教育是什么？"有些意见了，这些意见是根据我的思想，我的思想是根据我过去农村经济中的小农社会生活的经验，所以处处感到现在的教育不合理。

　　我对于教育的认识怎样呢？

　　在我的《教育通论》上曾下有一个定义是：

　　"教育是改进人生的活动，其目的在为社会创造自立的个人，为个人创造互助的社会；其方法在利用环境（自然的、社会的）的刺激，使受教育者能自动解决问题、创造生活。"

　　教育既是改进人生的，所以凡对于人生有所改进的，都有教育的意味；个人是离不了社会的，所以任何社会——资本主义也好，共产主义也好——都需要能自立的个人；任何个人——男人女人也好，天才低能也好——都需要互助的社会；为社会创造自立的个人，为个人创造互助的环境，便是教育惟一的使命。达此目的的方法，则在利用环境的刺激，使受教育者能自动解决问题、创造生活。我以为人生之所以异于禽兽者，在其有无限的创造性，以前我在《人生哲学》上也曾讲过：人生即在发现此无限创造性，不断地改进物质生活与精神生活，故解决问题、创造生活实为人生最重要的问题。

我对于教育的认识既如上述，所以我以为合于此种条件的是教育，否则不是教育。我相信，学校出来的学生，到了社会上，不能自动地解决问题、创造生活，那么学生变为字纸篓，教育变为废物。

教育的对象一方面是个人，一方面是社会；要认识教育，更须从这两方面加以透彻的观察。

先说个人。教育直接的对象便是人，所以要知道教育，先要知道个人。个人是什么？若从生理学、心理学上讲，特点很多，但这都是量的，而非质的；所谓质的便是指这无限的创造性。但个人是不能孤立的，所以个人离不了社会，教育也离不了社会。

社会是什么？社会也一样的不易了解，但可以知道它是人群的集合体，所以一切人群事业都脱离不了社会。教育也是同样包括于社会以内的，而非包括社会或在社会以外的。

可是有人偏偏不懂这些。

有人说教育是独立的，大错大错，教育哪能独立？教育是社会生活的一种，它是跟着社会走的，是受经济政治的支配与影响的。你试打开教育史一看，你可以发现，何以过去东方教育有书院、私塾？何以十九世纪工业革命后有新教育制度？又何以中国近几十年来有这样的教育？你还可以想：在君主政制之下能否提倡民权主义？在资本主义之下能否提倡社会主义？你便可相信教育不能独立，不该独立。

有人说教育是万能的，这也不对；教育只是很平常的一种社会生活，它的功能是有限度的，它只能为人生为社会尽它能尽的职务；没有什么神奇，当然说不上万能。

有人说教育是神圣的，这更谬误；教育是人生的一件事，而无所谓神圣。盖只有精神而无物质是神，只有物质而无精神是物，而人生全非此二者，乃介于其间的；教育的宗旨，跳不出政治的影响，教育的方法，逃不了社会的背景，更何神圣之有？

又有人说教育是救国的，更有些主观的夸大。这犹之乎提倡陆军的说陆军可以救国，提倡海军的说海军可以救国，是一样的陷于谬误，一样的欺人之谈！

我们承认：教育不是独立的，乃受经济政治支配的；教育不是万能的，乃是平常的一种社会生活；教育不是神圣的，乃是人生的必需品；教育是不可凭主观来夸大与藐视的。

记着：教育是离不开人生的，教育是社会生活的一种；真正的教育，须与现实的人生相呼应，与当前的社会相吻合；不如此，便是假教育、无用的教育。

所以，研究教育者，从事教育者要知道：

现实的人生是什么？

当前的社会是什么？

青年们！青年的教育家们！要学教育，不要只看重了教育，教育的本身是空无所有的。教育哲学吗？人人有的，乡下老太婆也有她的教育哲学；你看她教她的孙儿敬菩萨，这便是她的教育哲学。其实教育哲学只是教育理想，理想是各人都有的，各地不同的，可惜到现在，还有许多人，还不懂得这些。教育科学呢？也一样是空的，找不着，摸不着，试看调查实验是根据数理科学的；教育目的是根据现实社会的；教育方法是依着社会需要的……所以我常对学教育的人说：若要研究教育，应该多研究一点自然科学、社会科学、哲学……和现实社会的情形。知道了当前社会，然后才可知道教育。

其次，我更希望学教育的人，多学一点文艺，才可对于人生有更好的认识。或者有人以为这是荒谬！须知教育生活（尤其是教育家）实在枯寂得很，因为从事教育的，大半是所谓师："师者，人之模范也"，所以处处要表现得非常的尊严；无论你自己愿意与否，事实非逼着你如此不可。不但行为这样，学问上亦复如是；因为是师，因为是模范，所以每要强不知以为知，以维持师之尊严。这样一来，所谓教育家，便成为乡愿了。教育家的生活，也成为虚伪的生活了。

其实，做事与做人不同：做事是一事，做人又是一事，要生活当然不能不做事，但也不能因做事而牺牲了做人，二者不可偏废。但一般人多昧于此。所谓"家"，乃是做事，是一种职业，而做人，乃是对于人生的真实体验。而对人生有真实体验者则莫若文艺家。吾人为职业所限，虽不能做文艺家，但至少亦须能欣赏领略，以充实人生，故教育家除职业外，对于有生命之文艺作品，应有领会之能力。再从科学与文艺之性质的不同说，科学是部分的、分析的、现实的，文艺则为整个地表现完满的、理想的真实的（Ideal truth）、完美的人生。吾人虽不必如看了《红楼梦》就要学贾宝玉的故事，但可从此体验人生的复杂和广博。

以上所讲的是：从教育的意义，说到教育与人生与社会的关系，而说到教育家，而说到如何学教育。

次谈谈中国的教育问题。

根据前面所述，教育的对象，一面是个人，一面是社会，所以我们对于任何教育的价值，教育的制度、方法，皆要以现实的人生与社会为根据加以估值，而判定它的是非优劣。诸位此时学教育，将来就要办教育，究竟现在的中国的教育，应该怎样办？这是值得考虑的。

再看教育的本身，教育乃是一种应用科学，而非纯粹科学，它虽也能改造社会，但最大的功能，却在适应社会。说明白些，就是它虽有些力量，但不是无限的，所以它主要的功能，是在于适应社会之中改造社会。

社会进步有两个方法：一个是演化（evolution），一个是革命（revolution），其实教育则仅有演化的力量，而无所谓革命；教育可以改造社会，但要跟着政治、经济走，不能把社会整个推翻。一方面对于旧社会要继续着去适应，一方面跟着政治经济建立新社会的理想；它只可以促进社会理想的实现，但本身不能建立或推翻一个社会理想。所以社会理想的造成，不是只赖教育的，主要的还是政治、经济、社会各方面来决定，所以教育的理想、教育的方法须与社会相呼应，然后才能适应社会、改造社会，而无各不相谋之弊。

现在要看中国教育与中国社会是否相适应？

翻开近代中国教育史一看，中国之兴新教育，实非常奇特。教育之进步，当然一面要自己慢慢发展，一面搬人家的以资借鉴；但过去的中国新教育是整个的"搬"，成功不成功？在非所问；与社会适应不适应？更无人知道；其惟一的动机，是由于外侮。清末自鸦片战争而后，无时不为外侮所逼。甲午之战，日本竟以弹丸小邦击败老大帝国。于是我国朝野震惊，于是模仿日本，于是变法，兴新教育，名之曰"西学"。新教育初兴时，就有许多很好笑的事，如光绪二十七年《钦定学堂章程》规定小学校每十日放假一次，这是仿效西洋教育的星期办法而未全的。改学堂没有学生，便把各州府县的书院，一律改成大、中、小学，而使秀才、举人入学。最可笑的，中国兴新教育不是自小学起，而是自大学改起。毕业学生，仍是奖以举人、秀才，而为变相的科举。总之，当时的兴学，是逼于外侮不得已的糊涂的仿效。好在那时社会还没有大的变动，学生尚无失业问题；及至社会根本慢慢发生变化，这样教育制度的毛病，便渐渐显露了。

然而现在还有许多所谓新教育家，仍旧是搬，仍旧是做梦，仍旧不明了教育与社会的关系。

须知中国现在的新教育制度，乃是一种工业社会的产物，乃是西洋工业革命以后所产生的。但是，中国的社会，仍属农业社会，而且是小农制度。我曾到湖南、四川，以及中国北部、中部，其社会组织大概都是这样。因此，中国社会与新教育制度完全不相合，不能适应（中国虽有几个大都市像是工业社会，这是少数），而发生问题了。最明显的新教育的机关，几乎全设在人口集中的都市，要受教育的，只有到都市中去，乡村人民受教育的机会因而渐少。其次都市和乡村生活渐渐分化而不同，乡村生活的程度低，衣食住行非常简单，都市生活程度高，处处需钱的，而且需要很多的钱。这样一来，在乡村是富的，到都市便不算富，小富的到都市便成穷。乡村的农人子弟何能到都市去读书？乡村教育如何能发达？

这便是中国新教育不能合于中国社会所生的一个病征。

目前注音符号推广与识字运动，总算轰轰烈烈了。但我以为现在收效必不大，何以故？因为乡村农人，他们根本就不需要文字，要使他们愿意识字，必须根本从改造社会上着手。从前庚子赔款退还的时候，我曾极力主张筑路，也是为此。筑路以后，交通便利，交通便利的地方，识字的需要便随着来了。那时，你不"提倡""运动"，他也要自动地读书了。

其次，中国社会逐渐在变质，教育的变质更明显。虽然有人说中国没有资本家，但教育逐渐向资本主义的道路上走，确是事实。不说旁的事，就看诸位能进大学读书，每年至少须四五百元，这四五百元在大都市、在资本主义的社会，原不算得什么，但在内地，尤其是乡村里，确是很多。我要问是不是除诸位以及其他大学生之外，还有许多的青年，他的聪明才能不配进大学？这一定不是；然而为什么诸位能得天独厚？这是很明显的原因，第一是要金钱，第二是要资格（文凭）。没有钱，没有资格，任你是"天字第一号"的天才，也慢妄想受教育。到此，教育失了它本身的意义，而变成了商品，学生和学校是买卖的关系，这便是所谓教育商品化。

教育商品化的事实很多。再拿师生的关系上说，以前"封建势力"支配下的社会，师生关系和父子相仿佛，所以很少反对教师的话，师生冲突也少有，主要的原因是他们并非买卖的关系；教师虽也要吃饭，但束脩直接取自学生的父兄或学田，和学生不发生金钱的关系。现在所谓新教育，便大大不同了。因了教育商品化，学校变成了商店，校长变成了经理，教师变成了货物，学生变成了顾客。学校教师与学生的关系，是明显的买卖的关系。有钱可以来照顾一下，没有钱不要问津。当教师的也是一样的被人买卖，今年被购买到这里，明年被购买到那里，学生对于所信仰的教师，要想发生真实的关系，实不易得。

这又是中国新教育不能适合中国社会所发生的一个病征。

在此我又想起过去一件事，民国十七年（1928）全国教育会议开会，我曾有一个提案，这个提案虽被合并而等于无，但可代表我上面所说的意见。那提案是"各级学校一律免费"，我的理由是："人"和"国民"不是一件事。"自然人"可说无受现在教育的需要，"国民"才需要现在的教育。比如执政者，因想建设一个理想的中国，乃将其理想定为教育宗旨；因要国民守法律，才须由教育来训练：所以目前的教育，大都是为国家而设。而且国民既对国家负了纳税、服从等义务（若纯粹个人可以不要），那么，一定要享有受教育的权利。父兄不过供给其生活罢了。所以一切教育费，都应该由国家负担。

上面这个意见，还不是根本的企图，根本企图，乃是从经济、政治上做起。

空想教育普及，是不行的，现在限于金钱与资格的商品化教育，固然没有希望普及；就是能将这点改革（如前例所述），还要国民根本需要教育才行。要国民有需要，必须从经济政治改革起。假如中国最近能做到交通便利、工商业发达的地步，舟车来往，不识字便不行，于是要识字；不守时刻的便不行，于是便守时……用环境的刺激使国民根本需要教育，是中国教育建设的第一步。

国民不需要教育，一切教育事业都难办。就拿中华书局说，书局是一种有关文化的事业，自然不能徒然牟利，但也不能只是赔本。在现在的中国，一种书籍至少须销到三千份，才能够本。而销路的广狭，则全看国民的教育程度与需要而定。在日本《帝王杂志》每期销一百余万份，《妇女评论》每期销八十万份，然在中国书籍的销路便不行，有时有价值的作品，因为销路的关系，也不能接受，实可痛心。其实这与教育是同样由于整个的经济、政治问题。

要中国教育有办法，须根本从经济建设、政治建设着手，也就是中国教育建设的根本工作。

最后，谈谈我对于中国教育设施的意见。

我有一个理想的教育设施，就是普遍地设立三馆，乃是：

1. 图书馆；

2. 科学馆；

3. 体育馆。

我所说的三馆，不是像现在各大学所设立的；这三馆乃是知识的产生地，教育的公开场所；每一个馆里各有许多教师或管理员，他们的职责，不只是管理，他们应该负教育的全责，受人民的质疑问难。或者有人说，现在的中国恐怕没有钱做这个，其实钱是有的，只要将庙产公产等切实清查移归正用便行了（据庙产兴学促进会的统计，只江苏一省的庙产价值已属可惊）。此后尽可不设学校，而专建设此事。

若依前面所说，能有很好的经济建设、政治建设，而国民皆有受教育之迫切的需要——不受教育便不能生活——于是于从事职业之余，乃不自禁的要到图书馆、科学馆、体育馆去。在日本东京之各种图书馆，就可见到很多劳动者一齐到图书馆去；如此而不花钱的受教育，教育普及当非难事。

若实行普及三馆的计划，同时要厉行考试制度，由国家规定各级学校的标准程度。无论什么人都得经过及格，才可充任国家公吏，社会各界的用人也以此为准则。

由于我的理想的设施，以为学习都是自己的需要，与今日学者受父母之命来混资格者有别。同时可以解除中国教育之病征。

要说的话，暂止于此。

总结言之：中国教育不能与中国社会相适应，所以我们要找出路，要找出路必须根据已往失败的经验，认识目前的社会，求所以适应之道。

我之所以有以上的主张——对于教育，对于中国教育——全由于我所长成与生活的经验及社会的背景所造成。如有闲暇，我当详细地写出来。

傅 斯 年

教育家必于文理各科之中先有一种专门，

然后他的教育学有所寄托，

不至流为不相干的空话。

再谈几件教育问题

（1932 年）

> 以我个人读书的经验论，在中学，在大学，在
> 外国，所受益最多的教员，是学问最有根底的教员，
> 绝不是注重教育法的教员。

几个星期前，我在《独立评论》上谈了几件关于教育的事。这几段文字都是发稿前一晚赶着写的，急急忙忙，都没有把话说完，而引起好些辩论和骂来。虽骂的文章多数不值得反复辩论，却也有几事有再谈一谈之必要。不幸中间小病，隔时之后，冲动既歇，好些当时要说的话忘了。现在且把不曾忘的写下几件，零零碎碎，各段自是一事，合来不成一篇文章。

三件关涉教育学的意见，续答邱椿先生。在本刊第九号我那篇文字中，提出三件事来。第一，大学不是适用教育学的场所；第二，教育学家必于文理各科中有一专门；

第三，中小学的课程要门类少，而内容充实。现在再依次解说之。

（一）所谓教育方法者，大致说来，当有下列几层作用：①适应学习者之心理。教者与学者年龄知识皆不同，强以自己所晓喻者加之于人是不行的。②所教科目之逻辑的、扼要的、明显的处置。小学及中学学生既是些幼年人，而教的人又非一种学问的专家，故若干人共同研究出的教育法是必要的，且只有在这样的场所中，教育法能有纲领而不失于零零碎碎，不切本题。至于在大学中，做教师者，应假定其对于所教之一科有一种专门的训练，而非为教书之贩卖；应假定其对于所教之一科有一个会通的观点，则教出来自然应有提纲挈要的布置，如果他不是自己先不懂得的话。此外，还要假定他有常识。这几个假定诚然不能实现于今之多数大学教员，然而大学教员本该如此。且大学中之学生，年龄上、知识上都用不着教员之耳提面命，除非低能到不该入学的。所有教员自己能懂得的，自然有法子使学生懂得，不待那些繁文缛节的教育方案。然则大学教员，在教书上之作用，皆在其对于自己学科之了解与造诣，而以常识、学识、讲说风度及人格，为其教育学，不学这一科，或学而无底者，焉得能为他想出教育法来？学一科，学而有底，自然能够自出教育法。即以我个人读书的经验论，在中学，在大学，在外国，所受益最多的教员，是学问最有根底的教员，绝不是注重教育法的教员。有的几位简直是老学究。诚然，学问既好，又了解教育法，固然是锦上添花的事，然而这事在大学中无关弘旨，不有正不足为害，而徒恃所谓教育法，忽略学问之自身，乃全无是处。我举一个实例，赫胥黎当年是以说话太快、思想太速为初学人所诟病的。照欧洲及英国的习惯，最好的教员教最低年级的学生，因此赫先生教普通动物学等，教得有些人怨他说话赶不上，然而赫胥黎以其学问引出多少第一流生物学家呢？若请一位在哥伦比亚大学教师学院的教育专家兼习生物者来教，能得这样效果万分之一否？一种学问精通之后。自然生出一种教育法，这话虽不可以施之于一切大学教员，然大多数是如此的。况且大学科目以其专门性质更难有普遍应用之教育法，除非常识上的事，本是人人应有的以外，至于大学中教学以外的事，尤其与教育学没有甚么关系的。大学行政在欧洲真是简单到极度，而学问自然发达，今日中国弄得愈复杂愈不相干了。总而言之，在一个大学里，如上了轨道，行政正是九牛之一毛，不是甚么高谈教育学之场所，在一学科中只要教者有学识及常识，自然能教人，能引人，不待搽粉抹胭脂的事做。

（二）教育家必于文理各科之中先有一种专门，然后他的教育学有所寄托，不至流为不相干的空话。这话恐怕是学教育者平心静气时要承认的吧？以我所见，英、德大学之习教育都必须先习一种文理专科，然后加以教师的训练，然后再谈教育学。所以教育不是有志做教员之副科，便是一个毕业后级的研究。诚然，也有一二个例外，如汉堡，如法兰克福。然这两个大学都是创办不久，并无多大学术上之权威。汉堡是个买卖城，其文化如中国之有上海，其大学中包有很多其他大学不屑的东西，不止教育一件而已。法兰克福是出名的犹太城，其大学尤不占学术上之位置。若引此为例徒使稍知德国大学者为之小怪而已。我在伦敦读书时，伦敦大学的教育学教授如 Adams，如 Nnm，都是先有专长再习教育的。有次我亲见一个中国学生跑到那里开头要学教育，碰到了一个无趣。诚然一国有一国的风气，不可扬此抑彼，不过我听说教师学院大体上也是大学毕业后的学生入的，如何能拿他当个模型，在中国大学中创一个教育学院，而使之与文理科同列呢？我实在不了解没有一种文理学科的专长，而空谈教学法，又能谈出什么来呢？我更不了解，离了人文及自然科学之自身而谈教育，要教出什么来呢？我有一位学自然科学的朋友，有一天对我说，我现在明白了某某为什么啰啰嗦嗦做了那么多的教育研究而却是毫无关系的，我看见这几本美国教科书，才知道这些学问的来源。或者教师学院的中国留学生之缺陷，正以其很多开头便学教育，不先在国内或国外文理一科中毕业吧？至于在大学以教育为主科，以文理之一科为副科之一种办法，尤其不上不下，不伦不类。其结果只是一碗杂碎菜，任何学科都得不到一个严整的训练。总而言之，做教员一道，有体有用。学问是体，方法是用，不有其体，何处寄用？教员若先对于所教之材料无根底，还有什么方法可说？

（三）中小学课程要门类少而内容充实一事，似乎也不是一件可以争论的事。不过门类少而内容深，或门类多而内容浅，究竟哪一种是欧洲的办法、哪一种是美国的办法呢？以我所见，恰与邱先生所说相反。我是教育学的门外汉，当然不敢自信，不过且举出我亲眼见的。英国的中等及初等学校是不成一个整齐系统的，所以本来难说，不过，除伊顿、哈乐两个公校及其他高贵化的"公校"，弄些"士君子"的臭习惯因而有些不相干的事做以外，各校科目似乎都偏于简单，且牛津飞圜桥之地方及高级考试，正是初中、高中等毕业之代替，其所考科目非常简单，而每科所要求者实在比中国现行制深得多了。各地公校之算学，常常有超过中国之算学系者（这话也是以实用之能力论，不以科目论，北京大学固善于谈高等算学科目而动手不得也）。至于德国，其中学之 oberprima primia sekunda，对每科目所要求者如何，更不待论。德国中学本有好几种，战后渐渐会通之，会通之结果，科目并不加多，而内容转加深些，至少在算学、理化、近代语言上，说是如此。我所见者如此。中国早年学制是抄日本的，即间接抄德国的。我的高中是北大预科，当时北大预科一如日本高等学校的制度，科目甚少，内容比现在高得多。这十多年来，中国教育制度日趋于美国化，而中国之课程程度日浅，科目日多。其中有些科目我们当年真正做梦也想不到，如所谓文化史者及所谓社会科学者，即其一二也。我很希望治教育学者比较一下于欧洲及美国中小学课程，给我们些不错的知识。

依据上列的申说，和以前几次的文字，我贸然提议下列几件事：

一、大学中不设教育学院，因为这个不能本身独立成一种学问；也不设教育系，因为教育学自身不成一种严整的独立的训练。

二、大学中应设教育学讲座及教育研究所，以为有志在中学做教员之文理科学生学习教育之训练，并为文理科已毕业学生有志攻治教育者之训练场所。

三、大学文理科学生愿兼习教育者，其学分应如下列之分配——本科对教育科为三与一或四与一之比。若如北大之办法，教育系学生兼习系外功课占四分之一而弱，似仍不能成一种严切的训练，仍不免于杂碎之弊。

四、中学课程，科目上尽量减少，内容上尽量提高。

五、科学发达与研究机关之关系，中国人开始治科学不是很近的事了。我们且把耶稣会士之影响及上海制造局之事业扔开，中国开始派习科学之留学生并请外国教员在中国教科学，也有三十多年的历史了。到了现在，除地质学算颇发达，生物科学看来也像有劲儿以外，理化、医学等最重要科目真正寂寞得很。这是甚么缘故呢？难道说天之生才分配不均吗？我想，这道理很显然，以地质学之发达为例看去，便可了然。一个初在中国大学毕业或外国大学毕业的"科学家"，好的也还是一个初入门的毛雏儿，还需要多年的训练与培植。这个训练与培植包含三件事：①在学问进步的环境中；②有能作典型的前辈做指导；③充实为研究需用之工具，及所学事项之熔化。惟其如此，所以若把一个初毕业的大学学生置之人海之中，不上几年，旧学尽荒，从此落伍。中国知办大学而不想如何训练大学毕业生，能派留学生而不想如何安插留学生，因此常常见到在国外读书时很有成绩的青年，回来不久便落伍，此岂是青年人之罪过？有些在美国学科学的，因为回来没有相当的环境，便在美国做起事来了，这真太可惜了！在欧洲及在美国历年的中国留学生学科学者，其中有不少有希望的，只是回国后一着不对把他们埋没了。理化等等日新月异的科学，回国来一教书，一做事，两年便生疏，三四年便落伍了。地质学之比较发达者，因为有个地质调查所，能成一种从事科学进步环境，能建设出相当的权威，能给大学新毕业生一个训练场。即如前几年不幸死于云南土匪的北大地质系毕业生赵亚曾先生，以一个中国大学毕业生，能在几年之内出如许多成绩，岂非难事？也正因为有地质调查所的环境帮助，否则一教书，一做事，便也完了的。物理、化学在中国之不发达者，正以中国没有如地质调查所那样的理化科学机关，故国家出大资本培植的人才中道而废了，这是多么可惜的事！外国人办的协和医学院及上海之李司特研究所尚能为中国安顿几个习自然科学的学人，中国人岂可不自己努力？近几年来，有中央研究院及北平研究院之设置，其中皆有理化的部分，听说很能吸引人才，这诚然是好现象。这样的机关建设得有个样子之后，然后大学的科学教育及留学生之科学教育得到补充，不至半途而废。

教育部与教育的改革，我的前几篇论教育的文字，颇给读者一个印象，觉得我以为教育改革之关键在教育部。我当时虽不曾细想到这二点，今天想来，意思却可正如此说。反正中国的事是个循环不解之圈，教育固然，政治亦复如此。社会不好，所以政治不好；政治不好，所以社会不好。教育当局挺不起来，所以教育没办法；教育没办法，所以教育当局挺不起来。如此如此，一个圈子，找不到处理之端。不过凡事总要找到一个地方下手，虽循环的状况中亦只得如此，中国今日虽说社会太不行，故政治不上轨道，然而欲以社会的力量改革政治，更是辽阔的想头。看来看去，还是政治先改革了，其他才有办法，且政治一旦改革，其他必有办法。政治固然，教育亦复如此。果真教育当局振作一下，其效力是很大的。……平心而论，教育至有今日之败坏，还不都是历年来中央及地方上教育当局（校长在内）的责任，这是怨不到学生身上的。果然教育部能建设得像个样子，而对于大学校长、教育厅长之人选慎重将事，中国教育未必即无办法。所谓教育部建设的像个样子者，须得有认识，有方针，有技能。做参事者，须得懂得教育的方针，有见识而有事可参，做司长者，须得能负起他那一司的任务来，不是一个画行的书板；做视学者，真能视学，看出窍要来，而不坐在南京。此外，全国之教育统计，应该精完，各地之教育情形，应该熟习，如此则教育部可自成一种权威，不必尽靠政治的力量。欲中国教育好，必须中国的教育部有普鲁士或法兰西教育部的一半好。我希望现在的教育当局在最短期内努力完成他们的责任！